이진우의
Why Not **Change?**

Why Not Change?

지은이 | 이진우
펴낸이 | 김성은
편집기획 | 조성우·손성실
마케팅 | 이준경·이용석·김남숙·이유진
편집디자인 | 하람커뮤니케이션(02-322-5405)
종이 | 한림P&P
제작 | 미르인쇄
펴낸곳 | 타임스퀘어
출판등록 | 제313-2008-000030호(2008. 2. 13)

초판 1쇄 인쇄 | 2009년 10월 14일
초판 1쇄 발행 | 2009년 10월 21일

주소 | 121-816 서울시 마포구 동교동 113-81
전화 | 편집부 (02) 3143-3724, 영업부 (02) 335-6121
팩스 | (02) 325-5607

ISBN 978-89-93413-19-9 (13320)
책값은 뒤표지에 있습니다.

ⓒ 이진우, 2009, Printed in Korea.

• 무단 전재와 복제를 금합니다.
• 잘못된 책은 바꾸어 드립니다.

이진우의

Why Not Change?

"왜 삶이 바뀌지 않는가?"

타임스퀘어

# PROLOGUE

변화를 좋아하는 것은 무모함이 아니라 선택의 쾌감을 즐기는 큰 기쁨이자 인생의 아름다움입니다. 아름다운 삶은 항상 뜨거운 열정을 간절히 원합니다. 인생을 살다보면 실패를 겪으면서 열의가 떨어지거나 절망이나 실의에 빠질 때가 분명히 있습니다. 그럴 때마다 그 상황을 극복하는 확실한 비결은 좀 더 미친 듯이, 좀 더 적극적으로, 좀 더 열정적으로 뛰고 모험을 즐기면서 도전하는 행동에 있다고 확신합니다.

이 세상은 정말 흥미롭고 재미있는 일들로 가득합니다. 이런 세상에서 지루하고 소극적으로 살아가는 사람들을 볼 때마다 인생을 낭비하는 것 같아 너무 안타까운 생각이 듭니다. 인생은 지루하고 따분하게 보내기에는 너무나 짧은 시간입니다. 타다만 장작불이 강한 화력을 낼 수 없듯이 맥 빠진 사람이 열정을 낼 수 없습니다. 그리고 그런 사람에게 혁신적인 변화를 기대할 수는 없습니다.

열정은 행동의 에너지이고 노력의 어머니이며 성공의 프롤로그입니다. 그러니 열정이 없다면 어떠한 일도 성취할 수 없습니다. 역사적으로 탁월한 지도자들은 자신의 일에 용암처럼 솟구치는 뜨거운 열정을 가지고 있었습니다. 그렇기 때문에 저는 모든 사람들이 지금보다 더욱 열정적 삶으로 변하기를 진심으로 바랍니다. 위대한 열정은 더욱 뜨거운 열정을 만듭니다. 열정적인 사람과 같이 있으면 자신도 모르게 열정적으로 변합니다. 열정이 가득한 책을 읽으면 자신의 가슴속에서 뜨거운 무엇인가가 꿈틀거림을 느끼게 됩니다.

> 왜 당신의 몸을 바꾸지 않는가? Why Not Change Your Body?
> 왜 당신의 마음을 바꾸지 않는가? Why Not Change Your Mind?
> 왜 당신의 직업을 바꾸지 않는가? Why Not Change Your Job?
> 왜 당신의 삶을 바꾸지 않는가? Why Not Change Your Life?
> 왜 세상을 바꾸지 않는가? Why Not Change The Word?

이 책은 위의 다섯 가지 주제로 진행될 것입니다. '몸과 마음, 직업, 삶, 세상'을 차례로 바꾸는 내용을 따라가다 보면 변화를 경험하게 됩니다. 스스로의 몸과 마음을 바꾸지 못하는 사람이 어떻게 직업과 삶, 그리고 세상을 바꿀 수 있겠습니까? 성공적인 삶은 좋은 습관과 끈기, 열정으로 가득 찬 생활로 변할 때 비로소 가능해집니다. 이 책은 열정을 잃고 제자리에 머물고 있는 사람에게 열정을, 스스로 변화하지 못하고 있는 사람에게 두려워하지 않고 변화를 즐길 수 있도록 단계적으로 유도할 것입니다. 스스로 변하지 않는 사람은 죽은 사람입니다. 스스로 성공하려고 하지 않는 사람도 역시 죽은 사람입니다.

여러분들은 삶과 죽음, 성공과 실패 중 어느 것을 선택하시겠습니까?
완전히 미쳤다고 할 만큼 열중하지 않는다면 이 세상에 이룰 수 있는 일은 거의 아무것도 없습니다. 불왕불급不往不及이라! 가지 않으면 도달할 수 없습니다.

　인생은 꿈과 열정과 일에 집중하고 있을 때 가장 행복할 수 있습니다. 인생은 꿈을 이루고 베푸는 삶을 살아갈 때 가장 행복할 수 있습니다. 단지 두려움에 변화를 꺼려하고 소극적인 마음 때문에 이 기쁨을 모르고 인생을 마친다면 얼마나 억울한 일입니까. 역사 속의 위대하고 당당했던 영웅들은 모두 스스로 끊임없이 변화를 추구하고 높은 꿈과 이상 속에서 열정을 불태운 사람들이었습니다.

　나는 내 영혼의 선장이다.

　밤이 내게 덮쳐오고
　어둠은 칠흑같이 검지만
　불굴의 영혼을 내게 준
　신에게 나는 감사하고 있다.

　환경이 날 잔인하게 져버려도
　난 위축되거나 울지 않았다.

　운명의 곤봉이 날 내리쳐서
　머리에서 피가 나도 난 굽히지 않았다.

　이 세상의 저주와 파괴도 모자라
　저승의 위협이 저 멀리 보이지만
　아무리 오랜 세월 겁준다 해도

> 나는 결코 두렵지 않을 것이다.
> 문이 아무리 좁아도 상관없고
> 처벌이 아무리 길어도 상관없다.
> 나는 내 인생의 주인이요.
> 나는 내 영혼의 선장이다.
>
> — 헨리

    이 책을 읽는 여러분, 절대로 포기하지 마시고 좌절도 하지 마십시오. 끈기 있게 끝까지 노력하면 많은 열쇠 꾸러미 중에서 성공의 자물쇠를 여는 행운의 열쇠를 분명히 발견할 수 있습니다.

    세상에서 자신이 가장 하고 싶은 일을 하며 재미를 느끼고 있다면, 건강한 육체를 가지고 있고 긍정적인 마음을 가지고 있다면, 세상을 바꾸고 싶은 목표와 열정으로 스스로의 삶을 힘차게 가꾸고 있다면 최고의 삶을 누리고 있는 것입니다.

    이 책을 통해서 저와 함께 같이 항상 새로운 도전과 기회를 창조적으로 만들고, 항상 어디서나 배울 점을 찾으며 지칠 줄 모르는 체력으로 스스로의 인생을 누구보다도 행복하게 즐길 수 있는 멋진 에너지맨, 우먼이 되시기를 간절히 바라면서 여러분들의 행운을 진심으로 기원합니다.

감사합니다.
I LOVE YOU !
이 진 우

CONTENTS

PROLOGUE | 4

PART 01 왜 당신의 몸을 바꾸지 않는가? | 11
Why Not Change Your Body?

01. 삶의 변화는 몸의 변화에서부터 시작된다 | 12
- ONE STEP 집을 헬스클럽으로 꾸민다 | 12
- TWO STEP 때와 장소를 가리지 않고 운동한다 | 18

02. 꿈과 열정이 있는 사람은 몸매도 아름답다 | 25
- ONE STEP 모든 자신감은 몸에서 나온다 | 25
- TWO STEP 비즈니스와 몸매는 노력과 비례한다 | 32

PART 02 왜 당신의 마음을 바꾸지 않는가? | 51
Why Not Change Your Mind?

01. 마인드 컨트롤은 성공과 부의 기초이다 | 52
- ONE STEP 잠재의식은 인생 성공의 가장 큰 비밀이다 | 52
- TWO STEP 미친 듯이 자신의 성공을 외치고 또 외친다 | 61

02. 스스로의 마음을 다스리는 사람만이 게임의 승자가 될 수 있다 | 68
- ONE STEP 자신감과 끈기는 부자가 되는 최고의 비결이다 | 68
- TWO STEP 희망과 용기와 열정은 만병을 다스리는 최고의 명약이다 | 72

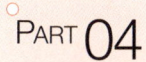

PART 03   왜 당신의 직업을 바꾸지 않는가? | 91
Why Not Change Your Job?

01. 꿈과 이상을 실현할 수 있는 직업에 풍요도 따라온다 | 92
- ONE STEP 운명을 바꾸어 줄 수 있는 직업은 과연 무엇인가? | 92
- TWO STEP 과연 무엇이 당신을 틀 속에 가두고 있는가? | 979

02. 직업을 과감하게 바꿀 수 있는 사람만이 인생을 바꿀 수 있다 | 107
- ONE STEP 인생은 모두 기회로 구성되어 있다 | 107
- TWO STEP 제일 앞서 가는 사람은 제일 먼저 결단을 내린 사람이다 | 112

PART 04   왜 당신의 삶을 바꾸지 않는가? | 131
Why Not Change Your Life?

01. 안전제일주의는 아무 것도 이룰 수 없다 | 132
- ONE STEP 열정과 용기를 잃은 인생은 재산과 건강을 다 잃는다 | 132
- TWO STEP 나는 내 인생을 죽는 날까지 철저하게 사용할 것이다 | 136

02. 위대하고 영예로운 길로 나서는 것이 진정한 행복이다 | 141
- ONE STEP 진정 슬기로운 사람은 나이를 먹지 않는다 | 141
- TWO STEP 습관과 태도가 신념을 부르고 신념은 인생을 바꿀 수 있다 | 150

PART 05   왜 세상을 바꾸지 않는가? | 171
Why Not Change the World?

01. 마음의 궁전 속에 모든 것을 새기고 소유하라 | 172
- ONE STEP 자기가 할 수 있는 일에 한계를 긋는 사람은 기회와 행운을 잡을 수 없다 | 172
- TWO STEP 자기 자신의 주인이 되지 못하는 사람은 결코 어떤 것의 주인도 될 수 없다 | 180

02. 당신은 최고의 세상에서 살고 있다 | 186
- ONE STEP 모든 것은 할 수 있고, 이루어지고, 쟁취하면 된다 | 186
- TWO STEP 자기 자신을 축복하는 사람만이 모든 것을 얻을 수 있다 | 202

EPILOGUE | 219

PART 01

• • •
왜 당신의 몸을 바꾸지 않는가?
Why Not Change Your Body?

1. 삶의 변화는 몸의 변화에서부터 시작된다
2. 꿈과 열정이 있는 사람은 몸매도 아름답다

01 삶의 변화는 몸의 변화에서부터 시작된다

 **ONE STEP 집을 헬스클럽으로 꾸며라**

삶을 긍정적으로 변화시키고 싶다면 건강하고 매력적인 몸매부터 만들어라. 건강과 열정은 성공의 기초 로드맵이다.

건강하고 매력적인 몸매 만들기 프로젝트
작전명 "Why Not Change Your Body(왜 당신의 몸을 바꾸지 않는가)?"

지금부터 성공적인 비즈니스와 함께 언제 어디서나 할 수 있는 창조적인 우뇌형 운동 방법을 체계적으로 공개한다. 성공을 위해서는 가는 어느 곳이나 즐거운 운동 장소가 되어야 한다. 건강을 잃고 성공한다면 성공이 무슨 의미가 있겠는가?

건강과 에너지, 성공과 부를 동시에 취할 수 있는 21세기 장자방의 계책이 지금부터 이 책에 자세하게 수록되어 있을 것이다.

"그냥 저를 믿고 따라 하십시오. 제가 하는 방법만 따라 하셔도 즐거운 인생이 시작되리라 확신합니다."

기본 설계도는 아래와 같다.

건강하고 매력적인 몸매를 가꾸기 위한 체계적인 운동을 열정적으로 하기 위해서는 철저한 목적의식과 독한 마음가짐, 면도날 같은 결단력이 반드시 필요하다. 만약 그렇지 않다면 거의 대부분 중도 하차하기 때문이다. 그러므로 꼭 명심하고 다음의 15가지 필수 실천사항을 철저하게 실천하기 바란다. 성공과 부는 스스로의 의지로 쟁취하는 것이고, 건강하고 매력적인 몸매도 스스로의 의지로 반드시 쟁취해야 한다.

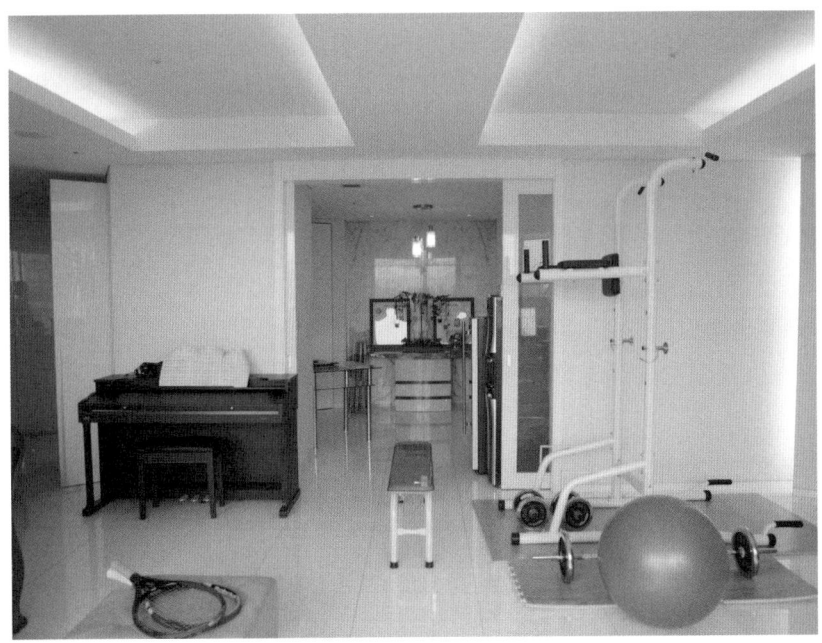

운동 기구로 가득 채워놓은 집안

필수 실천사항 15가지

✔ 실천사항 1

"건강하고 매력적인 몸매는 성공의 기초 중의 기초이다"라는 말을 반복해서 하고 강한 확신을 가져야 한다.

✔ 실천사항 2

때와 장소를 가리지 않고 미친 듯이 운동을 해야 한다. 장소·상황 불문하고 기본적으로 언제나 늘 운동을 해야 한다. 구체적인 운동 방법은 아래에서 제시하겠다.

✔ 실천사항 3

온몸에서 나오는 놀라운 에너지로 비즈니스를 반드시 성공시키겠다는 스스로의 강한 확신과 열망을 가져야 한다. 살을 빼기, 담배 끊기, 건강하고 매력적인 몸매 만들기, 비즈니스에 성공하기 등 모두가 같은 열정의 사이클에 존재하기 때문이다.

✔ 실천사항 4

"부를 원하는가? 건강을 원하는가? 모두를 원하는가?"
스스로에게 매일 아침과 저녁으로 거울을 보면서 강하게 말해야 한다. "부와 건강, 모두를 간절히 원합니다!"라고 강력하게 확실하게 스스로에게 이야기할 수 있어야 한다.

✔ 실천사항 5

집을 완벽한 헬스클럽으로 꾸며야 한다. 집 안에서 저절로 운동이 되게끔 집안 환경을 철저하게 운동 환경으로 만들어야 한다. 턱걸이용 철봉, 발레바, 짐볼, 덤벨, 윗몸일으키기 기구 정도는 기본적으로 구비하고 반드시 실천해야 한다.

✔ 실천사항 6

걷기와 달리기는 모든 운동의 기초이다. 매일 아침과 저녁으로 일정 구간을 열심히 걷고 또 달려야 한다. 아침에 눈을 뜨면 무조건 걷기와 가볍게 달리기부터 시작한다. 생활화·습관화된 운동 패턴이 되지 않는다면, 몸매의 변화는 별로 없을 것이라고 생각하면 정확하다.

✔ 실천사항 7

"나는 부자가 되어가고 있고, 더욱더 건강해지고 있다"라는 긍정적인 암시와 사고를 가져야 한다. 매일 시도 때도 없이 스스로 강한 암시를 걸어야 한다.

"나는 매일매일 더 건강해지고 있다!" "나는 목표에 점점 더 가까워지고 있다!"라는 말을 끊임없이 되풀이하며 스스로에게 강하게 이야기해야 한다.

✔ 실천사항 8

자기 암시와 간절한 기도는 모든 것을 가능하게 만든다. 스스로 멋진 몸매를 가진 매력적인 사람이라는 확신과 성공에 대한 끈기와 열정의 반복 암시가 절대적으로 필요하다.

육체미 선수들의 사진과 잡지, 미인들의 아름다운 사진, 모델들의 미끈한 몸매 사진이 온 집안의 벽에 도배를 하고 있어야 한다. 자꾸 보고, 느끼고, 자극을 받는 것은 운동을 실천하게 하는 최고의 환경이 될 수 있다.

✔ 실천사항 9

부와 건강을 갈망하는 것은 같다는 것을 스스로 가슴깊이 깨달아야 한다. 건강이 없으면 부유함도, 풍요로움도 아무것도 필요 없다. 건강에 대한 강한 바람이 바로 부에 대한 강한 바람이다.

실천사항 10

자기 자신을 지극히 사랑하듯이 나 아닌 다른 사람들도 지극히 사랑해야 한다. 최고의 매력적인 인생은 많은 사람들에게 행복을 주고, 충분히 베풀어 줄 수 있고, 뜨거운 사랑을 듬뿍 줄 수 있는 삶이 행복하고, 건강한 삶인 것이다.

실천사항 11

"세상은 내가 상상하는 모든 것들을 가능하게 해준다"라는 스스로의 강한 확신과 믿음을 가져야 한다. 매력적인 몸매를 가진 사람들은 비즈니스에도 성공할 확률이 높다. 그 이유는 항상 운동을 열심히 하면서 건강과 행복, 화려한 성공을 매일 뚜렷하게 상상하기 때문이다. 몸과 마음, 정신에서 나오는 건강과 확신의 에너지가 바로 자신의 비즈니스 성공과 밀접한 관계가 분명히 있다.

실천사항 12

"부와 건강을 갈망하는 나는 세상을 위해서 할 일이 너무나도 많다"라는 말을 매일 해야 하고, 실제로 그 현실을 스스로 느껴야 한다. 건강하고 매력적인 사람은 세상을 위해서 할 일이 실제로 너무나도 많이 있다. 도움을 절실히 바라는 수많은 나약하고, 열악한 환경의 사람들이 지금 이 시간 건강하고 강력한 에너지를 가진 당신의 도움을 간절히 바라고 있다.

실천사항 13

"세계 최강의 경제 대국은 세계 최강의 건강 대국으로부터 시작된다"라는 말처럼 체력은 국력이란 말은 맞는 말이다. 이 말을 식탁에서 사랑하는 가족들과 식사할 때 자주 끊임없이 해야 한다. 대한민국의 화려한 미래를 위해서 가족이 집안을 헬스클럽처럼 꾸미고 다 같이 즐겁게 열정적으로 운동을 즐기기를 진심으로 바란다.

✔ 실천사항 14

부와 행복, 건강을 위한 현실 속의 처절한 전쟁을 반드시 이겨내야 한다. 우리는 전쟁 속에서 살고 있다. 병균과 싸워야 하고 경제와 싸워야 하고 교통·정치·사회·문화와 전투를 벌여야 하고, 글로벌 경제전쟁에서 치열한 전투를 벌여야 한다.

모든 것을 전쟁의 논리로 볼 때 반드시 이기고, 극복하고, 승리해야만 조금이라도 얻을 것이 있다. 패자에게 주어지는 것은 아무것도 없다. 초라함과 비참함, 비통함뿐이다. 그 비굴한 고통 속에서 구차한 삶을 영위할 바에야 반드시 이길 수밖에 없다는 독한 결심을 해야만 한다. 그 결심이 지금의 경제전쟁에서도 반드시 승리하게 할 것이다.

✔ 실천사항 15

"에너지 넘치는 내가, 열정이 넘치는 내가, 건강하고 매력적인 몸매의 내가 이 세상을 변화시키고 행복하게 만들 수 있다"라는 확신을 가슴 속에 깊이 반복해서 심어야 한다. 이러한 강한 목적의식과 뚜렷한 목표가 없으면 장기적으로 꾸준하게 운동을 할 수가 없고, 환상적인 몸매는 허망한 꿈에 불과하다.

인간은 큰 꿈과 희망, 성공을 향한 강력한 욕망이 있을 때 놀라운 열정과 탁월한 잠재 능력을 발휘할 수 있다. 일단, 집안을 헬스클럽처럼 꾸미는 것이 중요한데 여기에 드는 비용은 의외로 큰 비용이 아니다.

인터넷을 통해서 내가 구입한 운동기구는 턱걸이용 철봉, 덤벨, 짐볼, 윗몸일으키기 기구 등을 합해서 일반 헬스클럽의 몇 달치 비용도 채 들어가지 않았다. 그리고 런닝머신은 그냥 양재천을 뛰기로 하고 구입하지 않았다.

"이제 집안을 운동기구로 채우신 여러분들, 이제 저하고 같이, 건강하고 매력적인 몸매 만들기 프로젝트를 본격적으로 화끈하게 시작해 보실까요?"

모든 획기적인 발전은 기존의 사고방식을 깨뜨림으로써 비로소 생겨났다.

- 토마스 쿤

TWO STEP 때와 장소를 가리지 않고 운동하라

때와 장소를 가리지 않고 운동하는 것은 대단한 역발상 중의 하나라고 생각한다. 대부분의 사람들이 운동은 헬스클럽이나 휘트니스 센터 등과 같은 시설물에서만 한다고 착각하고 있기 때문이다. 언제, 어떤 곳이든 모두 운동할 수 있는 장소이다.

나의 경우 아침에 눈을 뜨면 침대에서 간단한 운동을 시작하는데 침대 바로 옆에는 윗몸일으키기 기구와 짐볼이 있다. 이것을 이용해서 편안한 마음으로 다양한 자세로 운동한다. 거실에는 턱걸이용 철봉이 있고 이것을 이용해서 근력운동을 부드럽게 잠간하고, 발레바를 이용해서 유연성을 기르기 위해서 스트레칭을 한다. 발레바를 이용한 스트레칭은 요가와 같은 놀라운 효과가 있다. 1인용 발레바는 인터넷에서 얼마든지 저렴하게 구할 수 있다.

또한 벽을 이용해서 물구나무서기를 자주 하는데 이것은 근력 향상과 혈액순환에 좋다. 나처럼 책상에 오래 앉아 있어야 하는 일을 하는, 두뇌를 많이 사용하는 사람에게는 중요한 운동이라고 생각한다. 벽을 이용해서 물구나무서기를 한 상태에서 팔굽혀펴기를 자주 한다. 한번에 30번에서 50번까지 하는데 운동을 자주하지 않는 사람들은 한 번도 하기 어렵다.

벽에 기대고 물구나무서기를 한 후 팔굽혀펴기는 어깨와 팔의 근력을 증강시킨다. 마치 육체미 선수들처럼, 상체가 좋아지는 것을 느낄 수 있는데 헬스클럽에 있는 전문 운동기구로 많이 트레이닝을 한 사람과 거의 같은 효과를 볼 수 있다. 나는 이 운동을 수시로 시도 때도 없이 자주한다. 집에서는 물론 해외 출장에서도 호텔 방에서, 사우나장에서도 때와 장소를 가리지 않고 벽에 기대고 물구나무서서 팔굽혀펴기를 자주 한다.

보통 사람들의 눈에는 거의 정상이 아닌 것처럼 보일 수도 있지만, 벽에 기대고 하는 물구나무서기의 효과는 직접 해보면 분명히 알게 된다. 짧은 시간에 많은 운동량을 가지고 있기 때문에 바쁘게 시간을 쪼개서 사용해야 하는 비즈니스맨들에게는 적절한 운동이라고 생각한다. 나의 경험으로도 상체가 약한 사람들은 처음에 힘이 들지만 조금씩 하다 보면 어느 정도의 시간이 흐른 뒤에는 충분히 적응할 수 있다.

그런 후에 물구나무서기가 익숙해지면 수시로 물구나무서서 거꾸로 걷기를 한다. 물론 이것은 숙련된 기술이 필요한 동작이다. 이 동작의 처음 시작은 그냥 수시로 물구나무서기해서 거꾸로 걷기를 반복하다 보면 어느 날 갑자기 몇 걸음씩 내딛게 되는 어린 아이처럼 걷고 있는 자신을 발견하게 된다. 넘어질 것 같으면 벽에 다시 기대고, 또다시 걷기를 시도하다가 또 넘어질 것 같으면 벽에 다시 기대고, 이런 동작을 끊임없이 반복해서 시도를 해보는 것이다. 공간의 넓이는 작은 공부방이면 충분하고도 남는다. 두세 달 물구나무서기를 해서 걷기를 꾸준히 연습을 하다 보면 스스로 독창적인 요령을 터득하게 된다. 그러면 어느 날 갑자기 거울을 보다가 몸매가 좋아져 있는 자랑스러운 자신의 모습과 물구나무서서 걷기라는 어려운 과제를 해냈다는 성취감을 느끼게 될 것이다.

기계체조에서 가장 기초적인 자세가 바로 이 물구나무서기해서 걸어가는 자세라고 할 수 있는데, 요즘은 비보이 댄서들도 춤동작에서 보면, 물구나무서기해서 거꾸로 걷는 동작을 많이 응용하는 것 같다.

집이나 호텔에서 방 안에서 쉬고 있다가 막간을 이용해서, 조금씩 부담 없이 연습을 하는 것이 비즈니스맨들에게는 시간을 알차게 활용할 수 있는 가장 현명한 운동 방법이 될 수 있을 것이라고 생각한다.

이 운동 시 처음에 요령 없이 잘못 시도할 경우 뒤로 쓰러져서 바닥에 넘어질 때 허리를 다칠 수도 있으니 주의를 바란다. 처음에 실수로 몇 번 넘어지다 보면 요령껏 다치지 않고 넘어지는 방법을 스스로 터득하게 된다. 그러므로 벽 가까이에서 시도를 하고, 넘어질 만하면 벽에 다시 기댈 수 있도록 하는 것이 가장 안전하고 현명한 방법이 될 수 있다. 이때 다치지만 않고 기본적인 고비만 넘기게 되면 누구나 작은 공간에서 얼마든지 체력 단련을 다양하게 할 수가 있다는 사실을 스스로 확실하게 깨닫게 된다.

또한 해외를 자주 나가는 나는 공항에서의 시간을 아껴서 운동을 하는데, 남들이 면세점에 가서 쇼핑할 때 의자를 붙잡고 가슴 방향으로 팔굽혀펴기를 하고, 반대 방향으로 거꾸로 등을 보고 하기도 한다.

비행기 탑승 시간까지 보통 30분에서 1시간 정도의 여유시간이 언제나 늘 있다. 보통 사람들은 이 시간을 신문이나 잡지를 보거나 잡담으로, 면세품 쇼핑으로 그냥 흘려보낸다. 본인에게는 공항의 고객 대기 공간이 또 하나의 운동 공간이다.

가끔씩 주변 사람들이 이상한 눈으로 나를 쳐다보지만, 그래도 아랑곳하지 않고 열심히 운동을 한다. 왜냐하면 그 사람들이 나의 체력과 나의 비즈니스를 책임져 줄 사람들이 아니기 때문이다.

이 우주의 중심도 세상의 주인도 바로 나이고, 나는 이 세상의 진정한 황제이므로 주위의 시선에 자유로울 수 있어야 한다.

"세상의 주인은 바로 나이고, 나는 이 세상의 진정한 황제이다!"

모든 것은 남에게 피해를 주지 않는 한도 내에서 마음 가는 데로 하면 되는 것이다. 이 말을 되풀이하면 실제로 몸과 마음, 영혼에 정말로 많은 도움이 된다.

이 책을 읽는 분들도 공항에서의 자투리 시간 등에 운동을 용기를 내어 해보기를 진심으로 바란다. 또한 여러 가지의 다양한 운동 방법을 스스로 독창적으로 연구하고 창조적으로 개발을 해보는 것도 권한다.

나는 비행기의 좁은 좌석 안에서도 역시 끊임없이 새로운 운동을 개발해서 독창적으로 끊임없는 시도를 한다.

항공사마다 조금씩 틀릴 수 있겠지만 좌석에서 할 수 있는 다양한 운동 방법을 좌석 앞에 붙어 있는 작은 모니터를 통해서 동영상으로 볼 수 있도록 서비스를 해주는 항공사가 생각보다 많이 있다. 비행기 좌석에서 할 수 있는 다양한 운동 방법의 동영상 자료를 기초로 해서, 내가 추가로 개발한 독창적인 여러 가지 운동 자세로 몸을 충분히 풀어준다. 물론 주위 사람들에게는 절대로 민폐를 끼치지 않으려고, 최대한 조용하게 시도를 한다. 운동을 하지 않고 6시간~7시간을 비행기 안에 있다 보면 누구나 온몸에 혈액순환이 잘 되지 않고 팔다리와 온몸이 다 뻐근할 것이다. 그래서 많은 사람들이 해외여행 시, 비행기 안에서 다양한 자세로 운동을 시도를 해보기를 진심으로 바란다.

곰곰이 혼자서 스스로 다양하게 연구를 한번 해보면, 비행기 안의 좌석, 그 작고 좁은 공간 안에서도 참으로 다양하게 여러 가지 자세로 몸을 이완시킬 수가 있다는 것을 깨닫게 될 것이다. 그리고 현지에 도착을 해서 호텔로 이동 중인 버스 안에서도 나는 다양한 운동을 창조적으로 시도를 해본다. 버스 안에 서있을 때는 버스 천장에 붙어있는 손잡이나 파이프를 붙잡고 턱걸이와 비슷한 운동을 한다. 버스 좌석에 앉아있을 때도 그 좌석을 이용해서 상체 비틀어서 돌리기 운동과 목 비틀어서 돌리기 운동을 한다.

이쯤에서 대부분의 사람들은 나를 완전히 운동 중독이 아니냐고 하면서, 심각한 표정으로 속으로는 '진짜 미친놈 아냐?'라고 할 수도 있을 것이다. 누구나 충분히 이렇게 이야기 할 수 있다. 그렇지만 이런 이야기를 하는 사람들이 분명히 심각한 좌뇌형들이라는 것을 누구보다도 잘 알고 있다. 나를 이상한 눈으로 쳐다보고, 이런 부정적인 이야기를 하는 사람들의 배를 한번 자세히 쳐다보면 아마 올챙이처럼 배가 불룩 튀어나와 있을 것이다. 이렇게 시도 때도 없이 운동을 미친 듯이 생활화·습관화하지 않으면 절대로 뱃살이 빠지질 않는다.

운동중독이라는 부정적인 단어를 사용하지 말고, 대신에 "몸짱 열풍"이라는 긍정적인 단어를 사용해보면 어떨까. 많은 사람들이 불룩한 배를 날씬하게 매력적인 몸매로 반드시 변화시키고 만들어 내기 위해서는 스스로 이 "몸짱 열풍"에 열정적으로 빠져야 한다.

그러지 않고서 이 바쁜 현대 생활에서 언제 따로 헬스클럽을 가고, 수영장을 가고, 다양한 운동을 해서, 도대체 어느 세월에 아름다운 몸짱이 될 수가 있겠는가? 많은 사람들이 마음·생각 속에 자리 잡고 있는 모든 고정관념을 다 버리시고 시도 때도 없이 장소와 환경에 얽매이지 말고 습관적으로 운동을 스스로 독창적으로 개발해서 적극적으로 열정적으로 하기를 진심으로 바란다.

보통 사람이 몸짱이 될 수 있는 유일한 길이 바로 "모든 환경의 헬스클럽화" "모든 장소의 운동기구화" "모든 시간의 운동시간화"라고 확신하며 강력하게 추천한다.

평소에 조금씩 버스 안에서, 전철 안에서 근력 운동을 꾸준히 하는 것이 별로 도움이 되지 않을 것 같은 생각이 들 수도 있지만, 생각하는 것보다 훨씬 이런 창조적이고 우뇌적인 운동 방법이 날씬하고 매력적인 몸매를 만들어내는 데 큰 도움이 될 것이다.

앞에서 제시한 자투리 시간들을 이용한 다양한 운동 방법들이 시간이 지나면 분명히 상당한 수준의 새로운 근육질을 생성하게 도와준다는 사실을 절실하게 스스로 자신의 몸을 통해서 깨닫게 될 것이다.

길 가다가도 갑자기 생각이 나면 길옆에 화단이라도 붙잡고 팔굽혀펴기 및 다양한 운동을 창조적으로 하기를 진심으로 바란다.

하루 종일 반복해서 하는 이러한 순간순간 "크레이지 임팩트 운동 방법"이 그때그때의 운동량은 많지 않은 것 같지만 나중에 모두를 종합해보면 오히려 헬스클럽에서 정식으로 1시간 동안 열심히 운동을 한 것보다 훨씬 더 운동량이 많아지고, 훨씬 더 효과적일 수 있다.

당신은 이러한 모든 주어진 환경을 이용해서 시도하는 우뇌적이며, 창조적인 운동 방법으로 당신 친구들 중에서 가장 날씬하고 건강하고 매력적인 몸매를 분명히 확실하게 당신 것으로 가지게 될 것이라고 분명하게 확신한다.

지금부터는 세계 최강의 건강하고 매력적인 몸짱을 목표로 좀 더 멋진 몸매를 상상하면서, 길을 가다가, 빌딩 안에서, 공원에서 제 정신이 아닌 사람처럼 보이더라도 다양하고 창조적인 운동을 즐기기를 진심으로 바란다.

파이팅!!!

내가 의식적으로 하는 생각 외에는 아무것도 나에게 영향을 미칠 수 없다.　　　　　　　　　　　　　　　　　　　*- 앤서니 라빈스*

02 꿈과 열정이 있는 사람은 몸매도 아름답다

ONE STEP 모든 자신감은 몸에서 나온다

비즈니스 때문에 만났던 많은 사람들 중에서 매력적인 몸매를 가지고 있는 사람들이 많았다. 그들은 모든 면에서 에너지와 자신감이 넘치고 자신감에 어울리는 생활과 경제력을 가지고 있었다. 그들의 자신감 있는 생활이나 경제력은 자기관리에 철저한 습관 때문일까 아니면 긍정적인 마인드와 매력적인 몸매가 많은 사람들에게 호감을 불러일으키고 긍정적인 활기를 불러일으킴으로써 성공과 부의 길을 걸어갈 수 있도록 유도한 것일까?

한 가지 분명한 것은 남녀노소 누구나 아름다운 몸매와 건강한 눈빛을 보면 매혹되고, 에너지가 넘치는 매력은 분명히 성공적인 비즈니스에 많은 도움이 된다는 점이다. 건강하고 매력적인 몸매, 눈빛, 자신감, 열정, 활기찬 화술 등은 성공적인 비즈니스에서 중요한 키포인트가 된다. 항상 느끼지만 가끔씩 컨디션이 좋지 않은 날이나 에너지가 많이 다운이 되는 날에는 분명히 부정적인 일만 계속 끊임없이 생기는 것을 경험한다. 그래서 모든 활기찬 자신감과 강력한 에너지가 나오도록 몸을 잘 관리하려 애쓴다.

건강하지 않으면 세상의 무엇도 제대로 되지 않으며 모든 일이 꼬이고, 모든 것들이 허무해진다. 또한 중요한 계약을 앞둔 상태에서 몸에서 활기찬 자신감과 강력한 에너지가 넘쳐나지 않는다면 품질이 아무리 좋은 최고의 상품을 고객에게 설명을 해도 제대로 계약이 이루어지지 않을 것이다.

그래서 나는 반드시 성사시켜야 할 중요한 계약이 있을 때에 몸과 마음의 상태를 다양한 운동과 트레이닝을 통해서 최대한 즐겁게, 최대한 건강하게, 최대한 몸의 에너지가 넘치도록 활성화시킨 후에 약속 장소로 향한다.

해외에 있을 때는 호텔 안에 있는 헬스클럽을 이용해서 충분히 운동을 하거나 아니면 시간이 모자랄 경우 호텔 방에서라도 짧은 시간에 다양한 운동을 충분히 하고 만족한 상태에서 힘차게 약속 장소로 출발을 한다. 이렇게 하는 것은 인생 경험의 다양한 결과에서 나온 실질적으로 몸과 마음, 정신을 최대치로 활성화시키는 방법이다. 다양한 운동을 충분히 하지 않고 나간 날은 항상 문제가 생기고 계약도 실제로 잘 이루어지지 않았다.

계약 거래를 위해서 나온 고객이나 거래처는 계약에 사인하기 전까지 약간의 불안감과 의구심을 가지고 나온다. 이때 상대방의 눈에 비친 자신의 건강한 모습과 몸매, 눈빛, 미소, 눈매, 표정, 말투, 안색, 몸짓 등 모두가 거래의 성사를 이룰 수 있도록 도와주는 확실한 구성요소라고 확신한다.

해외·지방 출장 중에 호텔 방에서 충분한 운동을 할 수 있는 방법

우선 호텔 방의 침대에서 요가 비슷한 자세를 스스로 생각해서 최대한 자유롭고 독창적으로 시도하기 바란다. 처음부터 너무 어렵거나 지루한 자세가 아니라 최대한 재미있는 자세가 좋다. 그러기 위해서 평소에 요가 및 스트레칭 자세를 인터넷이나 책을 통해 습득해 두는 것도 필요하다.

그 후 침대에 다리를 올리고 두 손을 호텔 방바닥에 짚고 약간 기우러진 상태로 팔굽혀펴기를 충분히 한다. 그리고 벽에 기대어 물구나무서기를 하고 거꾸로 서서 오래 견디기를 시도한다. 성공을 위해서는 독한 마음가짐, 면도날 마인드를 가져야 하는데 이러한 정신력을 키우기 위해서는 이것이 최고의 트레이닝이다.

호텔 방 벽에 물구나무서기를 한 상태에서 거꾸로 팔굽혀펴기를 최대한 한다. 팔이 빠질 듯 아플 때까지 끝까지 견디면서 시도를 해본다. 이때 어깨 근육이 순식간에 발달하는 것을 스스로 분명히 느낄 수 있다. 그러면서 자신이 호텔을 나가서 해야 할 여러 일들을 생각하고 꼭 성공시키리라는 마음을 다시 한 번 다짐한다.

또한 호텔 방에 있는 다양한 집기를 이용해서 독창적인 운동 방법을 스스로 개발을 해야 한다. 눈에 보이는 모든 것들이 모두 운동기구이다. 예를 들어 소파가 있다면 상당한 무게가 나갈 것이다. 이 소파를 약간 들어서 다시 바닥에 놓는 자세를 반복해서 시도를 해본다. 일종의 하체와 허리를 강화시키는 웨이트 트레이닝이다. 여러 번 반복해서 하

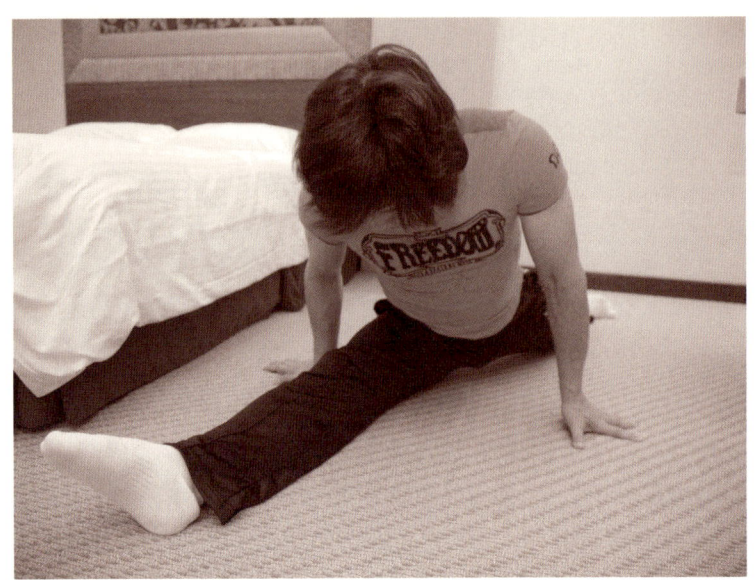
호텔 방에서 운동하는 모습

다보면 상당히 힘이 들 것이다. 그리고 의자를 들어서 올렸다가 다시 제자리에 놓는 자세를 여러 번 반복한다. 의자를 들어 올리는 자세를 다양한 각도로 시도를 해보면 다양한 근육을 키우는 데 특별한 효과가 있다. 냉장고에 있는 맥주병이나 생수병을 아령 대신 사용해서 여러 가지 운동을 시도할 수도 있다.

역발상으로 술병·음료수병·캔류·생수병 등이 마시는 것이 아닌 특별한 운동기구가 될 수 있다. 거울을 보면서 병·캔을 두 손에 들고 초등학교 때 매일 하던 국민체조도 해보고, 미친 듯이 춤도 한번 춰 보기를 바란다. 새로운 것을 만들어내는 창조성과 독창성으로 독특한 운동 방법을 만들어 내는 것도 일상을 탈출한 여행처럼 흥미롭고 재미있는 기분 전환이 되리라 확신한다.

창조적이고 위대한 열정은 항상 언제나 늘 성공의 결정적인 요인

호텔 방에 탁자나·장식장·책상이 있다면 이것 역시 한쪽 귀퉁이를 두 팔로 들고서, 들어 올렸다 다시 놓았다 하는 동작을 반복해서 시도하면 상당한 웨이트 트레이닝의 운동이 충분하게 된다. 호텔 방의 창문 틀을 잡고 가슴 방향으로 팔굽혀펴기를 하거나 거꾸로 돌아서서 반대 방향인 등 방향으로 팔굽혀펴기를 반복해서 끈질기게 실시한다. 그리고 책상 위의 상판에 두 다리를 올리고 상체를 천장을 보면서 거꾸로 바닥을 향해서 내림으로써, 허리를 서서히 활처럼 휘도록 만들어서 허리 유연성 운동을 시도한다.

고도의 숙련과 유연성이 필요한 자세이지만 계속 하다보면 누구나 어느 정도 따라할 수 있는 자세이다. 물론 실수로 부상을 당할 수도 있으니 결코 위험하게 그리고 처음부터 무리하지 않기 바란다.

이 정도의 운동을 자신의 신체에 맞게 혼자서 20분 정도만 해도 헬스클럽에 갔다 온 것처럼 상당한 양의 운동을 한 효과가 나타난다. 꾸준히 한다면 오히려 일반 헬스클럽보다 더 특별히 효과적일 수도 있다. 왜냐하면 원하는 부위의 근육을 원하는 운동으로 자기 자신에게 맞게 스스로 자발적으로 하기 때문에 더 안전하고 더 효과적일 수가 있는 것이다.

그리고 중요한 것은 마음속에 몸짱 열풍이 강하게 불게 하고 언제 어디서나 몸매를 가꾸는 과정을 즐기면서 스스로의 변화를 항상 현재 진행형으로 느낄 때 진정한 성공과 행복이 찾아온다는 사실이다. 특이하지 않으면 절대로 살아남을 수 없는 시대가 바로 우리가 살고 있는 21세기 경쟁시대라고 생각한다. 특별하지 않으면 절대로 남을 이길 수 없고, 놀라운 기회와 화려한 행운은 평범한 마음가짐으로는 쉽게 쟁취할 수 없다.

모든 면에서 'Best of Best'가 되자.
인생의 모든 변화는 지금 당장 과감하게 세상에서 가장 독하게 시작을 해야 한다.
Now Here!
당신이 하고 있는 모든 비즈니스는 당신의 창조적인 새로운 변화와 함께 지금부터 더 눈부시게 발전할 것이다. 당신 주변의 모든 사람들이 달라지는 당신을 보면서 특별하게 생각할 것이다.
당신의 모든 생활 패턴이 지금부터 조금씩 달라지기 시작할 것이다.

호텔에서 운동하는 모습

출장에서 돌아온 당신은 전혀 피로하지도 않고, 더 건강한 모습이고, 더 밝은 얼굴이다.

당신은 언제나 모든 장소에서 전천후로 창조적인 운동을 다양하게 할 수 있기 때문에 모든 공간과 시간이 다 행복하고 즐겁게 변해 갈 것이다. 당신이 만나는 모든 사람들은 당신의 몸에서 나오는 강력한 에너지와 강렬한 눈빛에서 당신에게 막연하게 가지고 있던 불확실한 것들을 떨쳐내고 모든 것을 인정하고 확실한 믿음을 가지고 계약서에 도장을 찍게 될 것이다.

지금 당장 새로운 변화를 시도하는 사람만이 성공을 위한 기회와 화려한 행운을 자기의 것으로 얻을 수 있다.

모든 자신감은 강인한 체력에서부터 나오고 마음은 몸 상태의 지배를 받고 따라가게 마련이다. 그리고 강한 내면의 힘은 지치지 않는 놀라운 체력을 만들어낼 수 있다.

그렇기 때문에 강철 같은 체력으로 험난한 세상을 이겨서 힘차게 나아갈 수 있도록 시간과 장소를 가리지 말고, 남의 시선을 너무 생각하지 말고, 창조적이면서도 열정적으로 다양한 운동을 해야 한다. 화려한 미래와 성공에 대한 뜨거운 열정이 있는 사람은 무엇보다도 몸매도 매력적이고 아름답다.

TWO STEP 비즈니스와 몸매는 노력과 비례한다

주변에 헬스클럽을 등록해놓고 일주일에 한두 번도 가지 않거나 가더라도 벨트 마사지나 하고 헬스 트레이너와 잡담만 한참 하다가, 군것질까지 마구잡이로 하고, 집으로 뚱뚱한 몸매를 이끌고 다시 돌아오는 사람들을 많이 볼 수 있다. 그리고 일 년 회원권을 헬스클럽에 등록해놓고 한 달도 다니지 않고 회비만 날리는 경험도 아마 많은 사람들이 있을 것이다.

처음에 시작할 때의 마음은 누구나 자신의 열정과 추진력을 믿고 시작한다. 하지만 그 열정이 시간이 흘러가면서 작심삼일이 될 때, 모든 것을 포기하게 되고 술·담배·무기력함으로 인해 하루 이틀 날이 갈수록 엉망이 되어가는 자신의 정신력과 몸매를 발견하게 된다.

자기 자신의 허리에 핸들 같은 비곗살이 생기고 오뚝이 같은 똥배가 나오면 나올수록 건강에도 물론 위험한 적신호가 생기겠지만, 중요한 것은 인생에 가장 중요한 비즈니스마저도 최악의 적신호가 올 것이라는 점을 항상 명심해야 한다.

세상은 점점 더 빠른 속도로 치열한 경쟁 속으로 처절하게 치닫고 있다. 가상 시나리오를 통해서 미래의 모습을 미리 예측해보는 충격적인 미래 학자들의 책들이 시중의 서점에서 최고의 베스트셀러로 급부상을 하고 있다. 그 책들에서 미해학자들은 많은 사람들에게 따끔한 경고의 메시지와 함께 꼭 필요한 미래지향적인 전략을 다양하고 구체적으로 제시하고 있다.

앞으로 10년 후의 미래를 어떻게 전망하고 있는가? 그 흐름을 구체적으로 파악하고 있고 나름대로 현명한 실전 대책을 마련하였는가?

우리는 처절한 마인드로 혁신적인 사고를 통해서 독창적으로 무한한 가능성을 지닌 미래의 세상을 준비해야 할 사명과 책임이 분명히 있다. 왜냐하면 우리의 노력을 통해서 자손들이 우리의 결과물인 현실 속에서 필연적으로 살아가야 하기 때문이다.

우리는 단순히 삶을 살고 있는 것이 아니라 우리 자손들의 미래의 삶을 준비하면서 매일매일 현실을 반복해서 살아가고 있는 것이다. 오늘날 우리의 창조적인 마인드와 훌륭한 습관을 통해서 자손들의 삶이 유토피아가 될 것인지 디스토피아가 될 것인지가 냉정하게 결정된다. 영화에서나 볼 수 있는, 충격적인 미래가 분명히 우리에게 냉정한 현실로 다가오고 있다.

우리가 알고 있는 인간이 만들어 놓은 모든 틀, 정치·경제·사회·문화·법·교육·제도 등 모든 것들이 급변하면서 상상도 하지 못할 빠른 속도로 그 패러다임이 바뀌어가고 있다. 미래의 모든 것들은 카멜레온처럼 재빨리 스스로 변화하고 색깔을 바꿔서 그 기회를 과감하게 잡을 수 있는 역동적이고 능동적인 사람만이 그 주도권을 확실하게 쥘 수 있다.

앞으로 30년 후면 전 세계의 석유 매장량이 고갈상태가 될 것이라고 전문가들은 이구동성으로 얘기한다. 세계 각국은 지금 대체 에너지 문제로 심각한 고민을 하고 있다. 또한 현재 70억 명인 전 세계의 인구가 2050년 정도에는 90억 명으로 늘어날 것이고 그중에서 약 10억 명 정도는 극심한 기아에 허덕이게 될 것이라고 전문가들이 끊임없이 경고의 종을 울리고 있다. 식량문제는 대다수의 인류가 해결해야 할 심각한 문제 중의 영원한 핵심적인 문제인 것이다.

또한 지구온난화 문제는 수많은 사람들에게 우리의 미래를 부정적으로 보게 만드는 커다란 이유 중의 하나라고 얘기할 수 있다. 지구온난화의 진행으로 인해서 발생될 수 있는 여러 가지 문제점들을 이제 거의 대부분의 사람들이 구체적으로 잘 알고 있는 상태이다.

그렇다면 이제 우리는 우리들의 암울한 미래를 바보같이 소극적인 마인드로 그냥 맞이하고 비관하면서 최후의 날을 미련하게 슬픈 마음으로 준비해야만 하겠는가?

당연히 아니다. 나약한 비관론자와 부정적인 비판론자가 가질 수 있는 것은 세상에 아무것도 없다. 처음부터 모든 것을 포기하고 부정적인 마인드에 사로잡힌 사람들이 이룰 수 있는 것은 아무것도 없다.

나는 사실 세상의 흐름을 지극히 희망적으로 본다.

민간요법을 그 뿌리로 하는 대체의학은 그 중요성과 놀라운 성과가 의학과 거의 같은 수준으로 발전의 속도를 보이고 있으며, 이혼에 대한 부정적인 시각에서 두 번 이상의 결혼이 보편화되는 다양한 형태의 가족제도와 결혼제도가 개념 자체를 창조적으로 바꾸어 나아가고 있다. 다가오는 고령화시대에는 나이에 관한 모든 고정관념도 새로운 각도로 재조명될 것이고, 새로운 미래의 건설을 위한 전혀 새로운 철학과 선택의 미학들이 탄생할 것이다.

현재 교육의 취약점을 보완한 개개인 맞춤형 디지털 교육의 창조적인 발전이 조만간에 분명히 이루어 질 것이고, 젊고 건강한 삶을 보장하는 다양한 기술과 환경문제를 해결하기 위한 현명한 천재적인 선택들이 초월적 진화의 속도로 특이한 형태로 우리 앞에 반드시 나타나게 될 것이다.

　많은 보통 사람들이 생각하는 파괴와 오염의 부정적인 이미지가 아닌 보다 창조적이고 조화로운 공존의 패러다임이 전체 글로벌 사회를 점점 더 분명하게 주도하게 될 것이다. 현재 인류에게 가장 시급한 문제들에 대한 공통의 해결 과제들이 차례대로 새로운 국제 기구들의 탄생으로 다양한 시나리오를 통해서 현명한 선택들이 이루어질 것이라고 확신한다. 왜냐하면 인류는 많은 문제점들을 해결하며 끊임없이 발전해왔기 때문이다.

　나는 항상 언제나 늘 긍정적이고 낙관적이고 낙천적인 것을 인생과 삶, 라이프스타일의 처절한 생존 전쟁의 주 무기로 삼고 있다.

건강한 몸매

비즈니스, 예술과 문화, 사회, 전반에 걸쳐서 전혀 다른 차원의 꿈을 현실화하는 창조적인 드림소사이어티가 진행되면서 꿈과 감성, 아이디어, 독창성, 특별함이 강조되는 이미지와 스토리가 마케팅 시장을 주도하게 될 것이다.

미래의 밝은 태양을 소유할 사람은 바로 아침마다 꿈과 희망, 열정으로 새로운 하루를 맞이하는 자이다.

이 마음속의 모든 방향이 긍정의 힘으로, 역동적인 에너지로, 세상을 바라보는 사랑의 느낌으로 가득 차 있다면 그 사람의 모든 선택이 특별하게 달라질 수가 있을 것이다. 당신이 하고 있는 비즈니스와 당신의 건강하고 매력적인 몸매의 상태는 분명히 스스로의 노력과 땀과 끈기의 양에 비례한다.

가문의 영광을 위해서, 조국의 영광을 위해서, 미래를 대비하는 처절한 마인드로 오늘 하루를 아름다운 비즈니스와 건강하고 매력적인 몸매를 위해 철저하게 투자하고 또 투자해야 할 것이다.

남다르게 특별한 비즈니스와 건강하고 매력적인 몸매에 열정을 가지고 도전하는 당신에게 21세기 글로벌 시장의 중심으로 우뚝 솟아오르는 영광스러운 기회가 분명히 주어질 것이다.

나는 오늘 이 세상 그 누구보다도 미친 듯이 운동을 하고, 보는 모든 잡지·책·TV·라디오 방송을 건강하고 역동적인 컨텐츠로 가득 채우고, 이 세상 그 누구보다도 미친 듯이 열정적으로 창조적인 비즈니스를 한다. 완전히 미치지 않고서는 아무것도 얻을 수 없다는 사실을 잊지 말아야 한다.

생을 바꾸어 주는 강력한 마인드 컨트롤

아침과 저녁으로 반복해서 외치면 놀라운 변화가 시작된다.

① 나는 몸을 강하게 창조적으로 바꿀 수 있다.
② 내 삶의 변화는 몸의 창조적인 변화에서부터 시작된다.
③ 나는 집을 완전히 헬스클럽으로 꾸밀 것이다.
④ 나는 때와 장소를 가리지 않고 열정적으로 운동한다.
⑤ 꿈과 열정으로 가득 차 있는 나는 몸도 건강하고 아름답다.
⑥ 나는 모든 자신감이 건강하고 매력적인 몸에서부터 나온다는 사실을 누구보다도 잘 알고 있다.
⑦ 나는 인생의 화려한 미래를 위하여 성공적인 비즈니스와 훌륭한 몸을 가꾸는 데 많은 시간과 노력을 집중할 것이다.

당신의 몸을 바꿀 수밖에 없는 강력한 77가지의 무기 장착 테스트

"할 수 있다 / 할 수 없다"에 O표를 하면서 체크해 본다.

1. 거실을 운동기구로 가득 채워서 완벽한 운동 환경을 만들 수 있다.
   할 수 있다 (   )   할 수 없다 (   )

2. 733 전법으로 일주일에 3번 이상, 3시간 이상 열심히 운동할 수 있다.
   할 수 있다 (   )   할 수 없다 (   )

3. 나이에 관계없이 무술을 배우기 위해서 가까운 도장에 과감하게 나갈 수 있다.
   할 수 있다 (   )   할 수 없다 (   )

4. 집 입구 천장에 턱걸이용 철봉를 설치해서 출입 시 항상 턱걸이 10번을 할 수 있다.
   할 수 있다 (   )   할 수 없다 (   )

5. 강력한 트레이닝을 할 때 느낄 수 있는 힘들고 고통스러운 순간을 쾌감으로 즐길 수 있다.
   할 수 있다 (   )   할 수 없다 (   )

6. 공원에서도 절대로 가만있지 않고 의자를 붙잡고 운동을 할 수 있다.
   할 수 있다 (   )   할 수 없다 (   )

7. 아침저녁마다 열정과 감동의 느낌으로 몇 킬로미터씩 즐겁게 걷거나 뛸 수 있다.
   할 수 있다 (   )   할 수 없다 (   )

8. 뚜렷한 목표와 뜨거운 열정으로 열심히 운동하지 않으면 근육이 생기지 않는다는 사실을 잘 알고 있다.
   할 수 있다 (   )   할 수 없다 (   )

9. 거울을 보면서 하루하루 달라지는 자신의 건강하고 매력적인 몸을 기쁜 마음으로 바라볼 수 있다.
   할 수 있다 (   )   할 수 없다 (   )

10. 벽에 기대어 물구나무서기를 수시로 해서 혈액순환과 지구력을 키울 수 있다.
    할 수 있다 (   )   할 수 없다 (   )

11. 공항, 사우나장, 호텔 방 안 등 장소에 상관없이 다양한 운동을 할 수 있다.
    할 수 있다 (   )   할 수 없다 (   )

12. 건강하고 매력적인 몸을 통해서 누구보다도 강한 성공 마인드를 키워 나갈 수 있다.
    할 수 있다 (   )   할 수 없다 (   )

13. 다양한 마사지를 책이나 학원 등에서 배워 스스로, 친구에게, 배우자에게 마사지를 해줄 수 있다.
    할 수 있다 (   )   할 수 없다 (   )

14. 구름이 걷히면 태양이 떠오르듯이 강한 트레이닝의 일정 기간이 지나면 몸매가 매력적으로 급격하게 좋아지고 향상되는 것을 나는 분명히 느낄 수 있다.
    할 수 있다 (   )   할 수 없다 (   )

15. 건강하고 아름다운 몸매를 간절히 원하는 것은 성공적이고 희망적인 삶을 갈망하는 것과 같은 것이라는 사실을 잘 알고 있다.
    할 수 있다 (   )   할 수 없다 (   )

16. 건강하고 매력적인 몸은 성공을 향한 가장 기본적인 뜨거운 열정 중의 하나이다.
    할 수 있다 (   )   할 수 없다 (   )

17. 아침에 일어나면 침대에서 다리 올리기와 복근운동부터 100번을 꼭 한다.

      할 수 있다 (　　)　　　　할 수 없다 (　　)

18. 사우나탕에 갔을 때 절대로 탕 안에 가만있지 않고 물속에서 다리 젓기, 팔 젓기, 팔굽혀펴기 운동을 열심히 한다.

      할 수 있다 (　　)　　　　할 수 없다 (　　)

19. 일주일에 꼭 한 번은 가까운 산에 가서 가벼운 러닝과 트레킹을 마음껏 즐긴다.

      할 수 있다 (　　)　　　　할 수 없다 (　　)

20. 시간만 나면 다양한 나라로의 해외여행을 즐기고 해양스포츠와 다양한 레포츠를 즐긴다.

      할 수 있다 (　　)　　　　할 수 없다 (　　)

21. 여름에는 수상스키, 겨울에는 스키를 열광적으로 즐긴다.

      할 수 있다 (　　)　　　　할 수 없다 (　　)

22. 스킨스쿠버를 마스터 코스까지 완전히 익힐 것이다.

      할 수 있다 (　　)　　　　할 수 없다 (　　)

23. 테니스 레슨을 끈기 있게 받아서 수많은 아마추어 동호회 대회에 출전을 해 볼 것이다.

      할 수 있다 (　　)　　　　할 수 없다 (　　)

24. 저녁 시간에 시간을 꼭 내어서 못 배워본 무술을 배우기 위해서 가까운 도장을 다녀볼 것이다.

      할 수 있다 (　　)　　　　할 수 없다 (　　)

25. 인터넷을 통해서 패러글라이더 강습에 대해서 알아보고 반드시 꼭 한 번 하늘을 날아볼 계획이다.

      할 수 있다 (　　)　　　　할 수 없다 (　　)

26. 나이를 따지지 않고 과감하게 발레 성인 강습반에 들어가서 유연성과 예술성을 배우고, 한번 꼭 발레를 실제로 배우면서 경험을 해볼 것이다.

할 수 있다 (   )   할 수 없다 (   )

27. 백화점 문화센터에 있는 다양한 댄스 강습 시간에 머뭇거리지 않고 과감하게 신청하고, 끝까지 꾸준하게 다닐 수 있다.

할 수 있다 (   )   할 수 없다 (   )

28. 파핀, 비보이, 방송댄스 경연대회가 있으면 꼭 관람을 할 것이고 언젠가는 꼭 직접 출전을 할 것이다.

할 수 있다 (   )   할 수 없다 (   )

29. 육체미 선수권 대회를 인터넷을 통해서 동영상을 본다든지, 혹은 실제로 현장에 관람을 해 볼 것이며, 언젠가는 꼭 출전을 할 계획이다.

할 수 있다 (   )   할 수 없다 (   )

30. 각종 무술 경연 대회를 인터넷을 통해서 알아보고 관람을 할 것이다.

할 수 있다 (   )   할 수 없다 (   )

31. 헬스클럽을 연간 회원으로 등록하고 반드시 끈기 있게 다닐 것이며 전문적인 수준으로까지 운동 트레이닝 수준을 반드시 끌어올릴 것이다.

할 수 있다 (   )   할 수 없다 (   )

32. 밤에 잠자기 전에도 항상 가까운 공원에서 가벼운 워킹과 러닝을 즐기고 단전호흡으로 온몸과 마음을 편안하게 하고, 잠자리에 든다.

할 수 있다 (   )   할 수 없다 (   )

33. 회사 혹은 집에서, 내 책상 옆에 작은 덤벨을 항상 구비해놓고 서류를 보다가도 수시로 덤벨을 든다.

할 수 있다 (   )   할 수 없다 (   )

34. 짐볼을 이용해 항상 즐겁게 놀면서 유연성 운동을 즐기고, 유연한 허리를 스스로 느끼면서 기쁜 마음으로 즐겁게 꾸준하게 운동을 즐긴다.
할 수 있다 (   )   　　　할 수 없다 (   )

35. 성공한 사람들의 기본 콘셉트가 바로 철저한 자기관리라는 사실을 잘 알고 있으며, 스스로 꼭 반드시 실천할 것이다.
할 수 있다 (   )   　　　할 수 없다 (   )

36. 팔굽혀펴기를 기본적으로 한번에 70개는 거뜬하게 할 수 있다.
할 수 있다 (   )   　　　할 수 없다 (   )

37. 앉았다 일어섰다 다리운동을 기본적으로 한번에 100개는 충분히 할 수 있다.
할 수 있다 (   )   　　　할 수 없다 (   )

38. 실내, 실외 수영장을 여기저기 수시로 종류별로 가는 것을 즐기며 물에서 놀며 시간을 보내는 것이 건강에 얼마나 좋은지 잘 알고 있다.
할 수 있다 (   )   　　　할 수 없다 (   )

39. 승마를 즐기며 승마클럽에서 사귀는 많은 사람들과 행복한 시간을 보내고 있다.
할 수 있다 (   )   　　　할 수 없다 (   )

40. 겨울에는 시즌권을 끊고 스키장에서 거의 하루 종일 살다시피 한다.
할 수 있다 (   )   　　　할 수 없다 (   )

41. 아마추어 육체미 대회에 출전할 계획을 세우고 열심히 매일 몇 시간씩 트레이닝을 강력하게 받을 수 있다
할 수 있다 (   )   　　　할 수 없다 (   )

42. 철인 3종 경기에 출전할 계획으로 인터넷을 통해서 동호회나 트레이닝 장소를 알아보고 있다.
할 수 있다 (   )   　　　할 수 없다 (   )

43. 이번 여름에는 윈드서핑을 꼭 한번 배울 것이다.
할 수 있다 (   )   할 수 없다 (   )

44. 해외여행을 바닷가의 휴양지 리조트에 갔을 때 제트스키와 바나나보트, 요트, 카누를 신나게 타는 것을 꼭 즐긴다.
할 수 있다 (   )   할 수 없다 (   )

45. 거실에 윗몸일으키기 기구를 구입해놓고 하루에 여러 번, 한번에 100번씩은 충분히 거뜬하게 할 수 있다.
할 수 있다 (   )   할 수 없다 (   )

46. 1인용 발레바를 구입하고 매일 아침저녁으로 스트레칭을 즐기며, 완전히 일자가 될 때까지 반드시 끝까지 할 것이다.
할 수 있다 (   )   할 수 없다 (   )

47. 스트레스를 받을 때마다 어떻게 하면 이것을 운동으로 풀 수 있는지부터 생각한다.
할 수 있다 (   )   할 수 없다 (   )

48. 나의 트레이닝을 자극할 수 있는 좋은 책, 잡지, 방송, 인터넷사이트를 항상 즐겨볼 것이다.
할 수 있다 (   )   할 수 없다 (   )

49. 건강하고 매력적인 몸짱 열풍에 빠져있는 동호회, 모임, 클럽에 무조건 나갈 것이고 최고의 건강하고 매력적인 몸짱이 반드시 될 것이다.
할 수 있다 (   )   할 수 없다 (   )

50. 대한민국, 아니 세계 최고의 몸짱이 되어서 건강하고 매력적인 몸짱이 될 수 있는 방법에 대한 책을 출판할 것이며, 베스트셀러 작가로 바로 변신할 것이다.
할 수 있다 (   )   할 수 없다 (   )

51. 나의 건강하고 매력적인 몸매가 발전하는 과정을 UCC로 제작해서 UCC 사이트에 올릴 것이다.
　　　할 수 있다 (　　)　　　　할 수 없다 (　　)

52. 건강하고 매력적인 몸짱이 되는 방법에 대한 강의를 하게 될 것이고, 트레이닝 학교도 설립하게 될 것이다.
　　　할 수 있다 (　　)　　　　할 수 없다 (　　)

53. 수많은 사람들에게 건강하고 매력적인 몸짱이 되는 방법을 전파하고 수많은 사람들에게 꿈과 희망을 심어주는 건강 전도사가 될 것이다.
　　　할 수 있다 (　　)　　　　할 수 없다 (　　)

54. 아침 햇살을 맞으며 가볍게 달리기 할 때가 하루 중에서 가장 행복을 느끼는 황금 같은 시간이다.
　　　할 수 있다 (　　)　　　　할 수 없다 (　　)

55. 나의 근육질 몸매를 매일 상상하면서 즐거운 마음으로 고통스러운 트레이닝을 끈기 있게 몇 시간씩 반드시 즐길 수 있다.
　　　할 수 있다 (　　)　　　　할 수 없다 (　　)

56. 건강하고 매력적인 몸짱 열풍의 놀라운 결과를 이루기 위해서 한번 세운 최종 목표를 절대로 바꾸지 않는다.
　　　할 수 있다 (　　)　　　　할 수 없다 (　　)

57. 100층 높이의 빌딩도 기초 설계도부터 시작되는 것이며, 내 건강하고 매력적인 몸매도 기초 트레이닝 계획부터 철저하게 세워야 한다는 것을 잘 알고 있다.
　　　할 수 있다 (　　)　　　　할 수 없다 (　　)

58. 화려한 꿈과 미래의 정확한 목표가 구체적으로 선정되어 있는 나의 인생은 하루하루가 즐겁다.
　　　할 수 있다 (　　)　　　　할 수 없다 (　　)

59. 출퇴근 시간에 집 앞의 놀이터에 있는 철봉으로 반드시 턱걸이 10회를 하고 지나간다.
   할 수 있다 (   )   할 수 없다 (   )

60. 직장 동료들과 같이 모임을 만들어서 수상스키, 스키, 패러글라이딩 강습을 단체로 받을 계획을 가지고 있다.
   할 수 있다 (   )   할 수 없다 (   )

61. 금년에 반드시 스킨스쿠버를 본격적으로 배워서 해외여행을 갔을 때도 스킨스쿠버를 즐겁게 선분석으로 슬길 것이다.
   할 수 있다 (   )   할 수 없다 (   )

62. 시도 때도 없이 활용할 수 있는 모든 주변 환경을 이용해서 다양한 운동을 창조적으로 할 수 있다.
   할 수 있다 (   )   할 수 없다 (   )

63. 홍삼, 마늘, 청국장환 등 각종 건강식품에 관심이 많이 있으며, 기회만 되면 다양하게 건강식품을 먹을 것이다.
   할 수 있다 (   )   할 수 없다 (   )

64. 수시로 가까운 산에 가서 워킹을 부담 없이 즐겁게 즐기며, 휴일에는 산에서 하루 종일 살다시피 하는 경우가 많다.
   할 수 있다 (   )   할 수 없다 (   )

65. 침대·책상 옆에 덤벨과 아령이 항상 준비되어 있고, 한 시간 단위로 반복해서 운동을 편안하게 즐기면서 반복 트레이닝을 할 수 있다.
   할 수 있다 (   )   할 수 없다 (   )

66. 수시로 가까운 공원을 워킹하고 몸과 마음을 완전히 활성화시킨 다음, 다시 일을 활기차게 시작한다.
   할 수 있다 (   )   할 수 없다 (   )

67. 건강에 관한 잡지·책·오디오 CD를 즐겨서 정기적으로 연간 회원 신청도 하고, 수시로 종류별로 서점에 가서 사본다.
할 수 있다 (   )   할 수 없다 (   )

68. 등산 모임, 여행 모임, 식도락 모임 등을 즐겁게 번갈아 가면서 정기적으로 참석한다.
할 수 있다 (   )   할 수 없다 (   )

69. 간절히 원하는 날씬하고 멋진 몸매를 매일 상상하고 암시를 걸고, 집안과 방안에 여기저기 멋진 몸매의 모델 사진들을 붙여놓고 항상 보면서 열심히 운동한다.
할 수 있다 (   )   할 수 없다 (   )

70. 건강하고 매력적인 몸짱 스토리의 신화적인 인물이 분명히 될 수 있다.
할 수 있다 (   )   할 수 없다 (   )

71. 건강하고 매력적인 몸짱이 되겠다는 열정으로 몰두하는 삶 속에서 나 자신의 최고 장점을 발견할 것이다.
할 수 있다 (   )   할 수 없다 (   )

72. 건강하고 활기에 찬 내 몸 전체 세포가 전율하는 삶을 선택할 것이며, 희열과 기쁨으로 가득한 하루를 매일 보낼 것이다.
할 수 있다 (   )   할 수 없다 (   )

73. 내 방 벽에 최고의 나를 만드는 구체적인 계획표와 맹세문을 붙여놓고 반드시 그대로 실천할 것이다.
할 수 있다 (   )   할 수 없다 (   )

74. 자신감 넘치는 나의 건강하고 매력적인 몸매를 바라보면서 어느 장소에서나, 어떤 환경 속에서도 항상 에너지 넘치는 멋진 리더가 될 수 있다.
할 수 있다 (   )   할 수 없다 (   )

75. 나의 화려한 미래를 이룰 수 있는 가장 구체적인 로드맵 중에서 내 건강하고 매력적인 몸매의 변화를 출발점으로 분명히 삼을 것이다.
    할 수 있다 (   )   할 수 없다 (   )

76. 꿈을 현실로, 위대한 열정으로 기적을 이룰 수 있는 사람이며, 건강하고 매력적인 몸매로 바꾸는 일은 쉬운 일 중의 하나라고 생각한다.
    할 수 있다 (   )   할 수 없다 (   )

77. 나의 인생을 당장 달려 나가게 만들 수 있는 열정적인 에너지의 원천이 바로 건강히고 매력적인 몸매에서 출발된나는 사실을 누구보다도 잘 알고 있다.
    할 수 있다 (   )   할 수 없다 (   )

※ '할 수 있다'가 50% 이상일 경우 당신은 충분히 변화할 수 있고 화려한 성공을 이룰 수 있다.

한번쯤 가봐야 할 초특급 호텔

전 세계의 초특급호텔들, 대한민국 최고의 초특급호텔들은 모두가 밸런타인데이 패키지, 명절 패키지, 여름휴가 패키지, 겨울휴가 패키지 등 다양한 숙박 상품들이 이벤트 가격으로 준비되어 있다. 각 호텔의 홈페이지를 이용해서 다양한 정보를 확인하고 각 초특급 호텔의 다양한 특성을 살려서 헬스, 수영장, 사우나, 온천, 마사지 등을 이용하기 바란다. 건강하고 매력적인 몸을 만들기 위해 가속도를 낼 수 있는 좋은 자극제가 될 수 있다고 확신한다.

최악과 최상의 경험, 즉, 최하의 숙박과 최고급 숙박을 모두 경험하는 것은 스스로를 자극하는 중요한 선택일 수 있다. 고급스러움을 즐기는 사람은 고급스러운 인생을 바라게 된다. 그리고 고급스러운 몸매도 바라게 된다. 건강과 성공은 밀접한 관계가 있다. 진정으로 성공한 사람은 인생을 아름답게 즐기고 스스로를 강하게 트레이닝하고 끊임없이 세상을 향해서 베풀 수 있는 여유를 가진 현명하고 건강하고 강인한 사람인 것이다.

- 신라호텔 http://www.shilla.net
- 롯데호텔 http://www.lottehotel.co.kr
- 그랜드하얏트서울 http://www.grandhyattseoul.co.kr
- 인터컨티넨탈 http://www.seoul.intercontinental.com
- 웨스턴 조선호텔 http://www.echosunhotel.com
- 서울플라자호텔 http://www.seoulplaza.co.kr
- 쉐라톤 그랜드 워커힐호텔 http://www.sheratonwalkerhill.co.kr
- 밀레니엄 서울힐튼 http://www.hilton.co.kr

- 앰배서더 호텔 http://www.ambatel.com
- 호텔 리츠칼튼 서울 http://www.ritzcarltonseoul.com
- 그랜드힐튼호텔 http://www.grandhiltonseoul.com
- JW메리어트호텔 http://www.jw-marriott.co.kr
- W서울워커힐호텔 http://www.wseoul.com

PART
02

• • • 왜 당신의 마음을 바꾸지 않는가?
Why Not Change Your Mind?

1. 마인드 컨트롤은 성공과 부의 기초이다
2. 스스로의 마음을 다스리는 사람만이 게임의 승자가 될 수 있다

01 마인드 컨트롤은 성공과 부의 기초이다

 **ONE STEP 잠재의식은 인생 성공의 가장 큰 비밀이다**

나는 한때 융과 프로이드의 잠재의식 이론에 푹 빠진 적이 있었다. 사람의 뇌파 중에서 7에서 14사이클의 알파파는 모든 운명을 바꿀 수 있는 중요한 뇌파 상태라는 내용에 큰 충격을 받았고 나름대로 그 이론대로 열심히 노력하고 반복해서 자기 암시에 열심히 집중을 했다.

지금 생각해보면 융과 프로이드의 잠재의식 이론이 내 인생을 근본적으로 엄청나게 변화시킨 것은 부인할 수 없는 분명한 사실이다. 빙산의 일각에 불과한 현실 의식에 얽매여서 살아가는 대다수의 사람들과 스스로 빙산의 숨겨진 부분에 해당되는 잠재의식을 바꾸고 개조할 수 있는 능력을 갖춘 사람과의 차이는 굉장하다.

잠재의식 속에서 간절히 원하는 방향으로 인생이 풀려진다는 사실을 충분히 이해할 수 있는가?

잠재의식의 틀을 완전히 바꿈으로써 인생의 운명을 완전히 바꿀 수 있다는 사실을 이해하는가?

이 사실을 확실하게 믿을 수 있는가?

중요한 것은 잠재의식을 어떻게 스스로 변화시키고 긍정적으로 발전시켜 나아가느냐 하는 실전적인 문제이다. 미래의 행복과 불행은 모두 잠재의식 속에서 만들어진다고 하니 더욱더 깊이 연구하고 노력하지 않을 수 없는 인생에서 중요한 분야이다. 성공을 향한, 강하고 긍정적인 잠재의식의 개발과 자아 혁명의 화려한 불꽃을 당기는 실전 비책을 지금부터 함께 능동적으로 습득하기로 해보자.

자신의 화려한 인생을 위한, 능력 개발의 최대 한계점을 뛰어넘을 수 있는 가장 다이나믹하고 강력한 무기인 잠재의식을 지극히 긍정적으로 개발하기 위해서는 뇌파의 7에서 14사이클인 알파파를 철저하게 그리고 의도적으로 이용해야만 한다. 알파파에 대해서는 요즘 수험생들에게 인기인 엠씨스퀘어라는 기기로 많이 알려져 있다.

사람이 잠자기 직전과 직후, 무의식중에 빠져드는 순간, 추억에 빠져서 현실을 잠깐 잊고 있는 시간들, 다른 생각을 하다가 내려야 할 버스 정류장이나 지하철역을 지나치는 상황 등이 뇌파의 7에서 14사이클인 알파파의 범주에 속한다고 보면 된다. 흔히 알고 있는 최면의 상태도 바로 이 알파파의 상태라고 말할 수 있다.

이 알파파의 상태에서는 스스로 입력하는 데로 잠재의식이 그대로 받아들이고, 완전히 바뀔 수 있다. 현실 속에서 큰 성공을 이룬 사람들은 바로 이 알파파의 비밀을 알고 그 활용방법을 철저하게 실천했거나, 아니면 본능적으로 아예 처음부터 스스로 자기 최면을 강력하게 걸 수 있는 사람이라고 말할 수 있다.

　스스로 성공한 사람들의 공통점은 자신이 성공할 수밖에 없다는 강력한 확신과 강한 최면 현상을 오래전부터 스스로가 확실하게 가지고 있었다는 점이다. 그렇기 때문에 스스로 성공하기를 바란다면 잠재의식 속의 성공 메커니즘을 마음대로 작동시킬 수 있는 여러 가지 중요한 실천사항을 과감하게 시도를 해야 한다.

　자신의 인생에 강력하고 화려한 성공의 카운터 한방을 과감하게 날리기 위해서는 지금부터 강력한 자기 암시 마인드 컨트롤에 빠져보는 것도 좋은 선택이 될 수 있다.

　먼저 편안한 의자에 앉거나 편안한 침대에 팔다리를 쭉 뻗고 눕는다. 그리고 너무나도 편안한 자세로 두 눈을 지그시 감는다. 우선 몸 전체의 편안한 릴렉스를 위해서 숨을 완전히 끝까지 들이쉬고 편안하게 완전히 끝까지 내쉬는 동작을 천천히 반복한다. 스스로 호흡을 편안하게 천천히 완전히 끝까지 들이쉬고, 천천히 완전히 끝까지 내쉬면 되는데 마치 단전호흡을 하듯이 천천히 편안하게 하면 된다. 온몸의 긴장을 충분히 풀고 완전히 철저하게 몸 전체를 이완시키기 위한 동작이므로 스스로 최대한 힘을 빼고 편안하게 해야 한다.

　온몸의 신체 부위에 의도적으로 의식을 집중하면서 차례대로 긴장을 풀어 준다.

　먼저 머리의 긴장을 풀어준다. 머리는 오늘 하루 동안 너무나도 고생이 많았다. 이때 의식적으로 머리의 긴장을 풀기 위해 머리의 긴장을 풀어준다는 말을 스스로 해도 좋다. 머리는 오늘 하루 동안 너무나도 많은 생각과 선택과 판단을 잘 해주었다. 머리의 긴장을 힘을 빼고 충분히 풀어준다. 당신은 자신의 머리를 진심으로 사랑한다.

이마도 오늘 하루 동안 너무나도 혹사를 당했다. 이마의 긴장을 의식적으로 힘을 빼고 풀어준다. 자신의 이마를 너무나도 사랑한다.

자신의 두 눈의 긴장을 충분히 풀어준다. 두 눈은 오늘 너무나도 많은 일을 했고 혹사당했다. 많은 현상을 눈으로 보여주었고 열심히 다양한 일을 했다. 자신의 눈을 진심으로 사랑하면 시력은 나날이 더 좋아질 것이다. 눈의 긴장을 의식적으로 풀어준다. 자신의 두 눈을 너무나도 사랑한다.

자신의 코의 긴장을 충분히 풀어준다. 코는 오늘 하루 동안 너무나도 고생을 많이 했다. 하루 동안 많은 냄새와 맑은 공기를 느끼게 해주었다. 코의 긴장을 의식적으로 풀어준다. 코를 너무나도 사랑한다. 코는 나날이 더 좋아지고 있다.

자신의 입의 긴장을 충분히 풀어준다. 입은 오늘 하루 동안 너무나도 열심히 일을 했다. 많은 얘기를 했고 많은 정보를 주고받았다. 입의 긴장을 의식적으로 풀어준다. 자신의 입을 진심으로 사랑한다. 입의 상태는 나날이 더 좋아지고 있다.

자신의 혀의 긴장을 충분히 풀어준다. 혀는 오늘 하루 동안 너무나도 열심히 활동했다. 혀의 긴장을 의식적으로 풀어준다. 혀에 들어있는 모든 힘과 긴장을 의도적으로 천천히 풀어본다. 혀를 진심으로 사랑한다. 혀는 내일 더 상태가 좋아질 것이다.

자신의 목의 긴장을 충분히 풀어준다. 목은 오늘 하루 동안 너무나도 활동적으로 당신을 위해서 많은 일들을 했다. 목의 긴장을 의식적으로 풀어준다. 자신의 목을 너무나도 사랑한다. 목은 나날이 더 상태가 좋아질 것이다.

자신의 양 어깨의 긴장을 충분히 풀어준다. 어깨는 오늘 하루 동안 너무나도 많은 활동을 했다. 어깨의 긴장을 의식적으로 풀어준다. 어깨를 너무나도 사랑한다. 어깨는 나날이 더 상태가 좋아질 것이다.

자신의 두 팔은 오늘 하루 동안 너무나도 열심히 일을 했다. 팔의 긴장을 의식적으로 풀어준다. 자신의 팔을 너무나도 사랑한다. 팔은 나날이 더 상태가 좋아질 것이다.

이번에는 가슴의 긴장을 충분히 풀어준다. 가슴은 오늘 하루 동안 너무나도 많은 일들을 해냈다. 가슴의 긴장을 의식적으로 풀어준다. 가슴을 너무나도 사랑한다. 당신의 가슴은 나날이 더 상태가 좋아질 것이다.

배의 긴장을 충분히 풀어준다. 배는 오늘 많은 일들을 했다. 배의 긴장을 의식적으로 풀어준다. 자신의 배를 너무나도 사랑한다. 배는 나날이 더 상태가 좋아질 것이다.

두 다리의 긴장을 충분히 풀어준다. 두 다리는 오늘 하루 동안 열심히 많은 일을 했다. 두 다리의 긴장을 의식적으로 풀어준다. 다리를 너무나도 사랑한다. 다리는 나날이 더 상태가 좋아질 것이다.

두 발의 긴장을 충분히 풀어준다. 두 발은 오늘 하루 동안 걸어 다니느라 고생을 많이 했다. 사랑스러운 두 발의 긴장을 풀어준다. 자신의 발을 너무나도 사랑한다. 자신의 발은 나날이 더 상태가 좋아질 것이다.

자, 이제 너무나도 편안한 가운데 정신세계의 가장 아름다운 사이클인 알파파에 도달하기 위해서 숫자 쓰기를 시작한다. 눈앞에 칠판이 하나 있다고 생각하고 눈을 감은 상태에서 숫자를 의식적으로 한번 써 본다.

77777

숫자 7을 다섯 번을 쓰고 다시 지우개로 칠판의 숫자를 다 깨끗이 지운다. 칠판에 지우개가 있다고 상상하고 실제로 지우는 영상을 의식적으로 만들어내면 된다. 다시 숫자 6을 다섯 번을 쓴다.

66666

다시 지우개로 칠판 위에 쓴 숫자 6 다섯 개를 깨끗하게 지운다. 깨끗이 지운다음 다시 숫자 5를 다섯 번 쓴다.

55555

다시 지우개로 칠판 위에 쓴 숫자 5 다섯 개를 깨끗하게 지운다. 다시 숫자 4를 다섯 번을 또박또박 쓴다.

44444

다시 지우개로 칠판 위에 쓴 숫자 4 다섯 개를 깨끗하게 지운다. 다시 숫자 3을 다섯 번을 쓴다.

33333

다시 칠판 위에 쓴 숫자 3 다섯 개를 지우개로 깨끗하게 지운다. 다시 숫자 2를 다섯 번을 쓴다.

22222

다시 칠판 위에 쓴 숫자 2 다섯 개를 지우개로 깨끗하게 지운다. 다시 숫자 1을 다섯 번을 쓴다.

11111

다시 칠판 위에 쓴 숫자 1 다섯 개를 지우개로 깨끗하게 지운다.

이제 너무나도 깨끗하고 시원하고 편안한 행복의 섬, 천국의 섬, 파라다이스에 도착하였다. 이 편안하고 아름다운 섬에서는 원하는 모든 것들이 편안하게 행복하게 이루어질 수 있다. 원하는 모든 것들을 간절한 마음으로 원하면 현실 속에서 모두 이루어지는 행운과 행복의 섬, 천국의 섬, 파라다이스이다.

과연 무엇을 간절히 원하는가?

인생이 어떻게 변화되어 가기를 진심으로 원하는가?

숫자 쓰기를 통해서 알파파를 유도한 후 잠재의식을 향해서 자신이 가장 원하는 것을 구체적으로 반복해서 천천히 스스로에게 얘기를 하는 것이다.

"더욱더 건강해지기를 간절히 원합니다."

"연봉 10억 원을 간절히 원합니다."

"사업이 더 번창하고 성공이 나에게 다가오기를 간절히 바랍니다."

"상가와 빌딩, 토지를 많이 소유한 화려한 부동산 부자가 되기를 간절히 바랍니다."

"주식, 펀드, 골동품, 미술품, 금, 채권 투자에 눈을 뜨고 화려하고 성공한 최고의 전문가의 길을 걸어갈 것입니다."

"세상에서 가장 비싼 차를 타고 비싼 명품 옷만 입을 것입니다."

"아름다운 여인과 결혼하고 귀엽고 사랑스러운 옥동자를 낳을 것입니다."

"하는 일마다 잘되고 잘 풀려나가며 풍요와 행복이 물밀듯이 밀려옵니다."

"책을 쓰게 되고 유명한 베스트셀러 작가가 될 것입니다."

"글로벌 시장에 진출해서 성공적인 다국적기업의 CEO가 될 것입니다."

"다국적 정치인으로 성장해서 세계의 많은 나라에서 유능한 지도자로 존경받으며, 열심히 활동을 할 것입니다."

"세계인으로부터 존경받는 UN 사무총장이 될 것입니다."

"세계에서 가장 위대한 자선사업가가 될 것입니다."

"역사상 가장 감동적인 복지재단과 교육재단, 자선재단의 총재가 될 것입니다."

"수많은 사람들로부터 사랑을 듬뿍 받는 화려한 스타가 될 것입니다."

"누가 봐도 너무나도 행복해 보이는 이 세상 최고의 부자가 될 것입니다."

"이 세상에서 가장 멋있는 몸짱 부자, 춤을 잘 추는 부자, 많이 베푸는 부자, 수많은 사람들에게 행복을 나누어 주는 부자가 될 것입니다."

"수많은 버림받고 장애를 가진 사람들에게 용기를 주고 끊임없는 도움을 줄 수 있는 위대한 자선사업가가 될 것입니다."

"베풀어도 마르지 않는 샘물 같은 거대한 부를 반드시 쟁취할 것입니다."

일반적으로 자신이 원하는 구체적인 삶을 부끄러워해서 진심이 아닌 다른 말을 자신에게 할 필요는 없다. 그것은 아무런 감동도 없기 때문이다. 처음에는 어색하겠지만 점차 자연스럽게 될 것이다. 자신의 상황에 맞는 가장 구체적이고 감동을 줄 수 있는 객관적이면서 구체적인 소원을 알파파 상태에서 반복해서 얘기한다면 분명히 화려한 미래를 앞당기는 데 엄청난 도움이 될 것이라고 확신한다.

자신의 잠재의식을 긍정적으로 개발하는 유일한 통로가 바로 반복된 자기 암시라는 사실을 유념하면서 7에서 14사이클 알파파를 이용해서 새로운 변화를 위해서 힘차게 도전을 해보기를 진심으로 바란다. 스스로 하는 강력한 자기 암시와 반복된 마인드 컨트롤은 성공과 부와 행복의 확실한 기초 과정이다.

잠재의식을 의도적으로 성공과 부, 행복에 중점을 두고 반복적으로 완벽하게 컨트롤을 하는 것은 바로 수많은 사람들 중에서 1%의 화려한 성공을 이루는 지극히 소수의 사람들이 그 성공을 이룰 수 있었던 가장 큰 기교와 비밀이 될 수 있을 것이다.

> 지금부터 혼자서 조용한 방에 앉아서, 강력한 자기 암시와 마인드 컨트롤 반복 연습을 위에서 제시한 방법으로 한번 천천히 해보겠는가?
> 자, 이제 시작한다.
> "감사한다."
> "사랑한다."
> "존경한다."

TWO STEP 미친 듯이 자신의 성공을 외치고 또 외친다

나는 해외여행을 갈 때 싼 여행을 다녀올 때도 있고, 최고급의 여행을 다녀올 때도 있다. 이렇게 여행하는 데는 분명한 이유가 있다.

"최악과 최상을 모두 경험한 자만이 게임의 승자가 될 수 있다"라는 니체의 말을 좋아하는데 이 말을 반복해서 스스로에게 말을 할 때 전율을 느낀다. 왜냐하면 나는 남보다 훨씬 이른 나이에 부모님의 몰락하는 모습을 보았고, 바닥까지 내려간 생활을 하면서 뼈저린 고생을 경험했었고, 그러면서 엄청난 고통을 반복해서 당했으며 많은 사람들로부터 버림을 받고 배신도 당해봤다. 그 속에서 실연도 여러 번 경험해봤고, 사기도 여러 번, 사업 실패도 여러 번 했었기 때문에 니체의 이 말을 되뇔 때마다 가슴속 깊이 감동을 느낀다.

"최악과 최상을 모두 경험한 자만이 이 현실 게임의 최후의 승자가 될 수 있다."

"최악과 최상을 모두 섭렵한 자만이 이 세상의 진정한 주인공이 될 수 있다."

나는 이 말을 매일 여러 번 반복해서 되뇐다.

이 말을 반복해서 되뇔 때마다 감동이 전혀 오지 않는 사람들은 아마 제대로 세상을 향해서 도전도 해보지 않았고, 뼈저린 고생도 전혀 해보지 않았기 때문에 이 말의 진정한 의미와 감동을 아예 스스로 못 느끼는 것이다.

누군가 지금 현재 처해있는 상황이 혹시 인생의 최악의 상황이라고 느낀다면, 이제 인생의 최상의 상황만 추가로 경험한다면 그리고 이 사이클을 반복해서 여러 번을 경험한다면 세상의 완벽한 주인공이 될 수 있을 것이다. 하지만 현재까지 인생의 최악이라는 처절한 상황을 전혀 경험하지 못했다면 이 게임의 진정한 승자가 될 자격이 아직 없다.

인생에서 반드시 경험해야 할 기본적인 고통과 고생, 번민, 후회, 갈등 등은 택시를 탈 때 기본요금을 내듯이 누구나 경험해야 하는 것이고, 그 콘텐츠들은 분명히 어디선가 끊임없이 기다리고 있다.

그 기본요금에 해당되는 고통과 고생을 일찌감치 어린 나이에 경험하고 크게 성공하느냐? 아니면 늙어서 뒤늦게 경험하고 크게 후회하면서 통한의 인생을 마감하느냐는 스스로의 냉철한 선택에 달려 있다.

내가 만난 주변의 부자들 중에는 스스로의 힘으로 당대에 큰 부를 이룬 분들이 상당히 많이 있다. 이러한 부자들의 공통점은 분명히 엄청난 고생을 일찍부터 경험했고 그 고난과 시련을 놀라운 열정의 에너지로 극복했으며 스스로의 자기 암시와 자기 최면에 놀라운 테크닉을 가지고 있는 실전의 대가들이라는 사실이다.

자기 인생의 운명을 스스로 너무나도 잘 알고 있고, 분명하게 모든 것을 선택할 수 있는 놀라운 능력을 가진 사람들을 자주 보게 된다. 그 화려한 성공을 이룬 사람들의 공통점은 한마디로 말해서 열정과 기가 강하고 성질이 한결같이 괴팍하기까지 하다. 그 누구도 그들의 강한 믿음과 강한 성격을 감당해내지 못할 정도로 에너지와 기가 강하다.

그들의 또 하나의 공통점은 스스로 인생의 성공을 강한 에너지로 자기 암시를 걸면서, 절규하고, 외치고 또 외친 사람들이라는 것이다. 스스로의 번영과 성공을 갈망한다면 그들처럼 성공을 노래하고 외치고 절규하고 또 소리 질러야 한다.

불교에서 불경을 외우듯이 성당이나 교회에서 기도문을 외우듯이 성공과 행복과 번영을 반복해서 노래하자. 끊임없이 반복해서 노래하고 또 노래하고, 소리치고 또 소리치고, 공표하고 또 공표하고 하는 반복 행위 자체가 뇌파의 7에서 14사이클인 알파파를 유도하는, 잠재의식을 완전히 바꿀 수 있는 적절한 자기 암시의 창조적인 행위이다.

이처럼 반복해서 같은 말을 간절히 되풀이하다 보면 일종의 최면 상태로 빠져들게 된다. 그때의 정신 상태가 바로 뇌파 중에서 가장 창조적인 상태인, 7에서 14사이클인 알파파 상태이다.

불교의 불경도, 기독교의 기도도 분명히 알파파를 유도할 수 있는 훌륭한 잠재의식 개발법이다. 그래서 나는 내가 다니는 교회의 장로님들을 만날 때마다 항상 감탄을 하고 또 감탄을 한다. 놀라운 부를 이룬 사람들이고 또 진심으로 기도를 열정적으로 한 사람들이기 때문이다.

매일 반복해서 열정적으로 하는 기도가 바로 스스로의 잠재의식을 완전히 개조해버리는 놀라운 효과가 있다는 사실을 두 눈으로 분명히 보고 또 보고 실제로 내가 반복해서 확인을 하고 있다.

그래서 장로님들이 열심히 미친 듯이 기도할 때 옆에서 같이 기도한다. 장로님은 열정적으로 기도하다 갑자기 강하게 이렇게 얘기를 한다.

"주여, 저에게 위대한 사명과 영광을 주소서!"

그때, 나는 옆에 딱 붙어 앉아서 같은 종류의 기도를 열심히 더 열정적으로 같이 하고 있다. 그리고 이렇게 강하게 얘기한다.

"주여, 저도요!"

간절하게 갈망하는 소망과 구체적인 목표를 반복해서 열정적으로 외치고 또 외치기를 바란다. 미친 듯이 외치고 또 외치다 보면 분명히 알파파 상태가 되고 그 뜨거운 열정과 강한 에너지가 당신의 잠재의식을 완전히 바꾸어 개조한다.

나는 최근에도 싸구려 여행을 한 번 다녀왔고, 또 한 번은 최고급 리조트에서 즐겁게 생활을 하다가 왔다. 최악과 최상의 반복된 경험은 정신건강에 좋은 영향을 미치는 지극히 현명한 방법이라고 확신한다.

초라함과 최고급을 다 경험하고 또 반복한다는 것은 자신의 잠재의식에 놀라운 자극을 준다. 인간은 너무 쉽게 주어지는 모든 것들의 가치를 진정한 마음으로 깨닫지 못한다. 그 가치 있는 것들이 완전히 사라졌을 때 비로소 그 소중함을 깨닫고 후회하는 것이 바로 어리석은 인간의 나약한 모습이다. 그래서 지극히 초라함과 비참함을 절실하게 피부로 느껴야지만 화려하고 최고급의 진정한 가치도 절실하게 마음으로 깨달을 수 있다.

예를 들어, 원룸이나 반지하에서 살면서 너무나도 행복하고 만족스럽다고 느끼는 사람이 있다고 가정해 본다. 그 사람은 그 생활이 만족스럽다고 확신하고 있기 때문에 절대로 부의 로드맵을 탈 수도 없고, 그곳에서 탈출하려고 하는 변화를 선택할 의지도, 의향도 전혀 없다. 원룸에 살아도 얼마든지 행복하고 즐거울 수 있는 것이니 새로운 변화를 원하지 않게 되어 버린다.

행복이란 어차피 스스로 생각하고 느낄 수밖에 없는 일종의 자기 최면의 상태이다. 그래서 사회보장제도가 발달되어 있는 최상위 선진국에 있는 수많은 극빈자들의 삶을 보면, 최하층의 할렘가에서 대다수의 사람들이 자손 몇 대가 넘어가도 여전히 그 최하의 수준을 못 벗어나오는 것이 바로 그 현상의 명확한 원인과 이유가 될 수 있을 것이다. 인간은 주어진 환경에 너무나도 쉽게 적응을 하고 모든 것을 쉽게 포기해버리는 본능이 있기 때문이다.

오늘부터 당신의 환경을 가변적으로 역동적으로 과감하게 변화시키자. 최고급 리조트에서 최고급 여행을 편안하게 3박 5일을 다녀온 후 다시 자신의 초라한 원룸으로 돌아왔을 때 분명히 상당한 분노가 치밀어 오를 것이다. 그 분노는 바로 당신의 성공을 위한 중요한 자극제가 되는 강한 동기의 분노이다.

화려한 부를 간절히 진실로 갈망하지 않는 사람에게 화려한 부는 절대로 쉽게 가까이 오지 않는다. 밤낮으로 간절히 갈망하고 또 간절히 갈망하는 자에게만 비로소 기본적인 자격이 어렵게 주어진다.

나는 항상 어느 나라를 가든지 그 나라에서 가장 좋은 초특급 호텔에서 항상 여행을 즐긴다. 그리고 가능하면 그 나라에서 가장 초라한 숙박에서도 반드시 한번쯤은 경험상 꼭 자본다. 그렇게 하면 내가 왜 최고급 생활을 추구해야 하는지에 대한 정확한 정답을 스스로 절실하게 느낄 수가 있다.

나는 최고급 초특급 개인 풀빌라에서 숙박을 할 때도 많이 있다. 숙박 중에서 가장 최고급은 뭐니 뭐니 해도 단독 풀이 있는 최상급의 개인 독채 풀빌라라고 생각한다.

24시간 언제든지 수영을 할 수 있는 전용 풀이 있는 고급의 극치인 풀빌라에서 생활하다가 이불에서 곰팡이 냄새가 나는 싸구려 숙박으로 옮기면 분명히 견딜 수 없는 놀라운 분노가 치밀어 오른다.

"내가 왜 이렇게 싸구려 숙박에서 자야 하는가?"

"내가 왜 이렇게 초라한 생활을 참고 견뎌야만 하는가?"

본능적으로 치밀어 오르는 이 분노는 왜 반드시 성공을 해야 하고, 왜 반드시 화려한 부를 쟁취해야만 하는지에 대한 정확한 정답을 분명하게 제공을 해준다.

스스로 성공과 부를 미친 듯이 외치고 또 외치고, 간절히 갈망하고 또 갈망할 수밖에 없도록, 자극적이고 창조적인 멀티플레이어의 입체적인 환경을 스스로 강력하게 만들어 내자.

당신이 사랑하는 사람들을 도와주기 위해서 당신은 반드시 이 자본주의사회의 1% 계층에 필수적으로 속해야 한다. 당신이 지극히 사랑하는 사람들에게 원하는 모든 것들을 편안하게 해주기 위해서 당신은 반드시 화려한 부자가 되어야 한다.

환상적인 경치에서 수영하고 운동하는 모습

세상을 향해서 무한대로 베풀 수 있는 위대한 자선사업가가 되기 위해서 당신은 반드시 화려한 부를 노래하고 성공을 갈망하고, 얘기하고 또 얘기하고, 외치고 또 외쳐야만 한다. 미친 듯이 성공과 부를 소리치고 또 소리치는 당신에게 당신의 놀라운 잠재의식은 당신의 운명을 분명하게 파격적으로 확실하게 바꾸어 줄 것임을 확신한다.

02 스스로의 마음을 다스리는 사람만이 게임의 승자가 될 수 있다

 **ONE STEP 자신감과 끈기는 부자가 되는 최고의 비결이다**

많은 사람들이 스스로를 능력과 자질이 부족하다고 생각한다. 스스로의 한계를 스스로가 확인하고 인정하면서 넘어갈 수 없는 경계선을 확실하게 긋고 만든다. 자신이 다양한 분야에서 반복한 비참한 실패는 오로지 자신의 능력 부족으로 인한 당연한 일이라고 여기고 스스로를 무능한 사람으로 취급해버린다.

지금 진정으로 필요한 것은 바로 자기 자신을 축소시키고 실망시키고 후퇴시키는 부정적인 생각들도 일종의 강력한 자기 암시와 최면 현상이라는 사실을 되도록 빨리 깨달아야 한다는 것이다. 불만, 불평, 좌절, 실패, 능력 부족, 재기 불능, 절망, 후회, 자살, 의욕 상실 등 부정적인 모든 요소들 모두가 스스로의 부정적인 자기 암시와 최면 현상에서 나오는 필연적인 결과물들이다.

대다수의 사람들이 자신의 연봉이 수십억 원대로 올라간다는 것을 상상조차도 하지 못한다. 아니, 아예 꿈도 꾸지 않는다. 불가능하다고 생각하기 때문에 아예 기본적인 의욕조차도 가지고 있지 않는다. 함부로 말을 꺼내기조차도 하지 않을 뿐더러, 말을 꺼내도 미친 사람으로 취급받을 것으로 생각해서 도전과 시도조차 하지 않는다. 스스로 자신의 연봉이 얼마 이상은 힘들 것이라는 부정적이면서도 정확한, 스스로의 한계선에 대한 뚜렷한 확신을 가지고 있다. 그렇기 때문에 새로운 변화의 기회에, 새로운 직업에, 새로운 선택에 능동적으로 대처하지 못하는 것이다.

한계선을 미리 그어 놓은 사람은 그 경계를 절대로 벗어나지 못한다. 하지만 자신 있게 이야기하지만 억대 연봉은 충분히 가능하다. 그러기 위해서는 가장 먼저 스스로의 강력한 자신감이 필요하다. 그리고 그 확실한 목표를 위한 구체적인 실천 계획부터 차근차근 세워야 한다. 그 놀라운 목표는 분명히 현실 속에서 충분히 이루어낼 수 있다. 그리고 아울러 실제로 그러한 억대 연봉을 받고 있는 실전 멘토들을 눈으로 확실하게 확인할 수 있는 환경으로 열정적이고 능동적으로 반드시 움직여 가야 한다. 당장 그들에게 다가갈 수 없다면 그들에게 접근할 수 있는 방법을 모색해야 한다.

대다수의 사람들이 부정적인 최면에 걸려서 그 틀을 벗어나지 못하고 있을 때 정반대로 모든 한계를 극복하고 역동적으로 재빠르게 움직여 나아가는 것이다. 전문가들의 분석에 의하면 세계 인구의 95% 정도가 상대방에 대한 스스로의 열등의식으로 심각한 고통을 받고 있으며 그러한 부정적인 최면 현상으로 인해서 스스로의 발전과 행복에 지대한 영향을 받고 있다고 한다.

　모든 부분에서 남을 다 이길 수 있는 사람은 세상에 아무도 없다. 세상의 그 어떤 분야에서도, 세상의 그 누구보다도 종합적으로 모든 면에서 탁월하고, 남보다 뛰어난 능력을 보여주는 사람은 결코 존재하지 않는다. 어느 한 분야는 분명히 누군가에게 뒤질 것이고 그렇다면 누구나 열등의식은 분명히 발생할 수 있다. 성공하는 사람과 실패하는 사람의 차이가 바로 이 부분에서 확연하게 구별된다.

　현실 속에서 놀라운 성공을 이루는 사람들의 공통점은 열등의식 자체도, 성공을 향한 강력한 동기로 사용하며, 부정적인 측면에서 최단기간 내에 빨리 화끈하게 빠져나온다. 부정적인 측면에 심각하게 걸려 있는 사람들은 스스로의 열등의식에서 전혀 벗어나오지 못하고, 모든 한계선을 스스로 확고하게 만들어 그 틀을 영원히 깰 수 없다고 굳게 확신하기 시작한다. 세상에 똑같은 사람은 아무도 없으며, 모두가 독창적이고 창조적인 우주의 단 한명이라는 사실을 확실하게 깨달아야 한다. 그리고 현실의 모든 사람들이 공통적으로 이것을 느껴야 한다.

　여기에서 스스로 가장 중점적으로 생각하고 분석해보아야 할 것은 바로 자신만의 독특한 성향과 독창적인 습관, 확실하게 남과 다른 특별한 부분이다. 특이할수록 그것은 바로 특별한 것으로 발전한다는 사실을 스스로 확실하게 인정을 해야만 한다. 주변 사람들과 잘 어울리지 못하고 환경에 적절한 적응하지 못한다면 바로 자신이 위대하고 특별하다는 명확한 증거이다.

　스스로가 세상에서 얼마나 소중하고 특별한 존재인가를 먼저 인정하고, 거기에 따르는 모든 역량을 현실 속에서 창조적으로 이끌어낼 때 특별한 끈기가 반드시 필요하다. 남다른 자신감과 강력한 끈기가 화려한 부자가 되는 가장 확실한 최고의 비결이다. 될 때까지 하는 것이 세상에서 가장 무서운 끈기의 법칙이다.

"비가 올 때까지 기우제를 지낸다."
"살아남을 때까지 끝까지 싸운다."
"반드시 이길 때까지 끝까지 싸운다."
"아무리 계속 실패해도 반드시 성공할 때까지 끝까지 도전한다."

여러 번 실연을 당해도, 아무리 퇴짜를 맞아도 실망하지 않고 반드시 아름다운 미인과 만나서 결혼할 수 있을 때까지 끝까지 끈기 있게 자신의 진정한 사랑을 찾아내고야 말겠다. 반드시 내 영혼을 울리는 사랑스럽고 아름다운 여인과 꼭 결혼을 할 것이다. 투자에 여러 번 반복해서 실패를 하더라도 절대로 실망하지 않고 부자가 될 때 까지 끝까지 창조적으로 다양한 투자에 도전을 하고 기회를 반드시 찾아낸다. 아무리 오디션에서 계속 떨어지더라도 끝까지 될 때까지 도전할 것이며, 죽지만 않는다면 반드시 오디션에 합격할 날이 올 것이다. 많은 사람들이 감동을 받는 세계 최고의 베스트셀러를 출판할 때까지 열정적으로 계속 다양한 책을 준비하고 또 도전하고, 출판을 계속 할 것이다.

무조건 끝까지 끈기 있게 한다는 것, 이것이야말로 인생에서 가장 성공을 이룰 수 있는 영원하고 진정한 진리라고 생각한다. 나는 20대에 8번의 사업 실패를 경험했다. 그동안 번 돈을 깡그리 날리는 완전한 실패였다. 그렇지만 지나고 난 지금 가슴 아픈 실패의 경험들이 나를 키워주고 세워주고 성장시켜 주었다는 것을 깊이 깨달았다. 그리고 내가 알고 있는 부자들과 성공한 사람들 중에 자신감과 독종 마인드와 끈기가 없는 사람은 아무도 없다.

> 자신감과 끈기를 최대한 강화시키기 바란다.
>
> 무조건 된다는 생각과, 될 때까지 끝까지 하겠다는 생각은 당신의 인생을 그 누구보다도 역동적으로 희망차면서도 능동적이면서 성공적인 라이프스타일로 분명히 만들어 줄 것이다.
>
> 성공을 갈망하는 여러분은 놀라운 부를 이루고 멋지게 베풀 수 있는 이 시대 최고의 행복한 사람이 분명히 될 수 있다.

TWO STEP 희망과 용기와 열정은 병을 다스리는 최고의 명약이다

주변에서 정년의 나이가 되어 은퇴하고 1년이 채 지나지 않아 부쩍 늙어버리고 얼마 살지 못하고 병에 걸려 죽는 사람들을 많이 보았다. 그 이유는 갑자기 인생에서 뚜렷하게 할 일이 사라졌기 때문이다. 뚜렷하게 할 일이란 사람이 살아가는 데 있어서 반드시 있어야 할 생명수이다. 뚜렷하게 할 일이 없으면 우선은 편안을 느끼지만 일정한 기간이 지나면서 무엇인가 구체적으로 딱히 할 일이 없다는 것은 세상의 어느 누구도 도저히 견딜 수 없는 무서운 고통으로 다가온다.

사람이 스스로의 확실한 존재가치를 상실한다는 것은 삶의 가장 기본적인 의미를 완전히 잃어버리게 된다. 공무원이나 거대 기업체와 같은 조직 속에서 열심히 평생을 활동하다가 수십 년을 해오던 일을 어느 날 갑자기 완전히 상실했을 때 공허감과 상실감, 허무한 고통을 보통 사람들은 이겨내지를 못한다.

그 상실감과 공허감, 허무감을 한번 이겨내려고 무엇인가를 시도해 보려고 자신의 능력에 맞지 않는 분야에서 과욕을 부리다가 주변 사람들의 꼬임에 빠져서 경험도 없는 사업에 도전해 인생의 황혼기에 쓰라린 실패의 경험을 하고, 더 큰 고통 속에서 시름시름 앓다가 죽어가는 사람들도 생각보다 상당히 많다.

아무 일도 없이 무료하고 허무하게 죽어가거나 뭔가 색다른 사업을 해보려고 시도를 해보더라도 경험이 너무 부족하다보니 사기를 당하거나 스트레스를 많이 받아서 결국은 허무하게 생을 마감하는 난처한 상황이 바로 우리가 살고 있는 현실 속에서의 평범한 모습들이다.

그래서 퇴직하기 훨씬 전부터, 최대한 건강하고 에너지가 넘치는 젊은 나이에 다양한 투자와 재테크에 눈을 뜨고 돈을 잃어버리기도 하고 또 돈을 많이 벌어도 보고 하는 성공과 실패의 경험을 꾸준하게 반복해서 쌓는 것이 인생을 성공적으로 만드는 필수조건이라고 생각한다.

일정 수준 이상의 처절한 실패의 경험이 필수적으로 필요한 것이 화려한 성공의 진정한 실체이다. 그렇지만 보통 사람들은 실패라는 단어를 너무나도 어려워하고 두려워한다. 실패를 하고 나서 다시 재기하는 과정을 자신의 인생에서는 거의 불가능하다고 혹은 절대로 그러한 처절한 경험을 하고 싶지 않다고 스스로 단정하기 때문이다.

그렇지만 내가 경험해본 바로는 처절한 실패의 경험이 없이는 그 분야에서 화려한 성공을 하기는 힘들다. 바로 냉혹한 현실 게임의 완전한 진리이고, 법칙이다. 작은 소자본으로 젊었을 때부터 다양한 투자와 재테크의 작은 경험부터 반드시 다각적으로 쌓아가야 한다.

주식, 펀드, 부동산, 금, 채권, 달러, 골동품, 미술품 투자에 최대한 젊었을 때부터 단돈 100만 원으로 시작해서 날려도 보고 수익도 창출해 보면서 그 다양한 흐름과 다변적인 독특한 자신만의 특별한 감각을 익혀 나아가야 한다. 부동산도 법원 경매 물건을 자세히 보면 지분경매나 작은 평수의 토지 같은 경우 100만 원 이하의 작은 물건들도 얼마든지 나와 있다. 한번 과감하게 도전을 해보고 그 절차를 구체적이고 자세하게 알게 되는 것만으로도 충분한 가치가 있다고 생각한다.

이렇게 다양한 최악과 최상을 많이 경험해본 사람만이 나이가 들었을 때 평범한 사람들과는 완전히 다른 풍요롭고 재미가 있는 인생의 후반기를 맞이한다.

처음부터 학력·나이와 관계없는 자신만의 독창적인 투자와 재테크의 실전 노하우와 다양한 비즈니스의 흥망성쇠의 풍부한 경험과 입체적인 콘텐츠가 충분히 쌓여있기 때문에, 노후에도 얼마든지 관심거리와 소일거리가 될 수 있는 다양한 일거리를 스스로 만들 수 있는 능력과 새로운 기회를 충분히 찾아낸다. 갑자기 허허벌판으로 퇴직한 그냥 평범한 사람들하고는 삶이 근본적으로 완전히 다른 차원이 되는 것이다.

젊었을 때부터, 소자본으로라도 토지를 어느 정도 매입해서 그 토지를 개발하려는 창조적인 노력과 연구를 꾸준히 해왔다면 당신은 상당한 토지개발에 관한 상식과 경험, 다양한 정보를 가지고 지금까지 그 꿈을 키워왔을 것이다.

　나중에 나이가 많이 들어서, 그 투자한 지역의 주변 지역이 개발이 많이 진행이 되었을 때, 진정한 자아를 실현할 수 있는 다양한 건설, 건축, 개발, 디벨로퍼에 관련된 창조적인 활동이 바로 당신이 젊었을 때 투자해놓은 작은 투자 물건에서 충분히 시작될 수 있고, 그 꿈이 드디어 현실 속에서 자연스럽게 이루어질 수 있다.

　세상의 어느 누구보다도 건강하게, 행복하게 살아갈 수 있는 비결은 희망·용기·열정의 세 가지 요소를 어떻게 적절하게 잘 효율적으로 사용하면서 최대한 인생을 행복하고 즐겁게 살아가느냐에 있다.

　그렇다면 희망은 어떻게 하면 가질 수 있는가?

　어떻게 하면 용기와 열정을 가질 수 있는가?

　그것은 젊은 나이 때부터 다양한 분야의 투자와 재테크를 여러 사이클로 반복해서 변화를 경험하고, 실전 감각을 익혀두면서 삶을 즐기는 습관을 키워 나아가야 희망과 용기 그리고 열정을 가질 수 있다.

　여기에 필수적으로 반드시 필요한 것은 생의 과정 속에 반드시 필요한 처절한 투자와 재테크의 성공과 실패의 다양한 경험을 인생의 단계에서 거쳐야 한다는 것이다. 그리고 화려한 미래를 얻고자 한다면, 기본적인 처세술의 법칙이 바로 다양한 실패의 경험을 기초 콘텐츠로 삼아서 더 노련하고 냉철한 투자와 재테크, 다양한 사업과 비지니스을 향한 열정에 찬 도전정신으로 힘차게 나아가야 한다.

　성공을 위해 필수적으로 도전해야 할 다양한 투자와 재테크는 희망적이고 역동적이며, 지극히 긍정적인 분야이다. 미래에 대한 희망이 아예 없고, 풍요로움과 화려한 부에 대한 긍정적인 사고가 아예 없는 사람은 투자와 재테크를 아예 하지도 않고 생각조차 하지 않는다.

어떻게 하면 우리의 인생에서 자신의 미래를 위한 진정한 희망과 열정과 용기를 가질 수 있겠는가?

새로운 분야에 열정적인 도전, 다양한 아이디어의 새로운 시도와 비참하고 처절한 실패를 전혀 두려워하지 않도록 스스로를 강하게 반복해서 자기 암시를 하고 트레이닝을 해야만 한다.

비참한 실패를 두려워하지 않으려면 실제로 실패를 많이 경험해보는 수밖에 없다. 요즘 스피치 실전 교육도 시작했는데 많은 원우들이 원하는 강의였다. 대부분의 사람들이 많은 사람들 앞에서 얘기하는 것 자체를 두려워하고 항상 많이 떨고 있다. 많은 사람들 앞에서 절대로 떨지 않기 위해서는, 말을 잘 할 수 있기 위해서는, 오직 이것 한 가지 방법밖에는 없다. 사람들 앞에 많이 서보는 것, 그리고 많은 경험 중에서 실수·떨림·창피함·어색함 등을 얼마나 많이 반복해서 경험하느냐에 따라서 그 사람의 스피치 실전 실력이 엄청나게 좋아진다.

멋지고, 과감하고, 화려한 용기는 사실상 처음에는 나약하고 비겁한 겁쟁이의 초라한 마인드에서 출발한다. 그리고 진정한 희망은 처절한 절망 속에서 탄생한다.

진정한 열정은 처음에는 비겁한 은둔과 좌절 속에서 탄생된다. 누군가를 처음 만났을 때, 그 사람의 열정과 에너지, 그리고 희망과 용기가 넘쳐흐르는 사람이라면 이 사람은 분명히 초창기에 나약하고 비겁하고 초라한 겁쟁이 시절이 있었을 것이다.

지금 모습이 10년 후 미래의 모습이라고 절대로 단정하거나 쉽게 생각하지 말자. 10년 후 미래의 모습은 지금보다 훨씬 화려하고 멋지고 풍요롭고, 더욱더 행복해지고 있을 것이다.

세상의 어느 누구도 경쟁할 수 없는 뜨거운 희망·용기·열정을 가질 수 있겠는가?

일단은 당신이 생각만 해도 가슴이 떨리는 감동적이고 구체적인 미래의 목표가 있어야 한다.

어떤 목표가 당신을 흥분시키고 가슴 떨리게 할 수 있겠는가?

하루에 단 1시간만이라도 당신의 희망·용기·열정의 최대치를 느낄 수 있는 무엇인가에 푹 빠져야 한다. 어떤 분야이든지 희망·용기·열정이 없는 삶은 완전히 죽은 삶이기 때문이다. 취미, 스포츠, 투자, 사교, 비즈니스 등 어떤 분야이든지 무엇이든지 좋다. 이 놀라운 습관은 인생을 세상의 어느 누구보다도 더 건강하게 즐겁게 행복하게 만들어 줄 수 있는 명약이 될 것이다.

세상에서 가장 행복하고 건강한 삶이란 우리의 뜨거운 희망·용기·열정을 간절히 원하고 있다. 오늘보다 내일은 더욱더 열정적으로, 희망적으로, 용기 있게 모든 일을 해낼 수 있어야 한다.

스스로 불태우는 위대한 희망·용기·열정을 통해서 또 다른 사람들의 위대한 희망·용기·열정을 만날 수 있으며 반드시 스스로 행운의 기회를 적극적으로 만들어서 다양한 분야의 희망·용기·열정의 소유자들을 열심히 만나야 한다.

인생을 살아가면서 명랑하고 유쾌한 마음으로 뜨거운 희망·용기·열정을 항상 언제나 늘 생활화, 습관화하고 체질적으로 즐겨야 한다. 그것만이 진정으로 활기차고, 행복하고 건강한 인생을 살아가는 유일한 비결이다.

나는 5천 명의 고아들의 후원자가 되겠다는 스스로 가슴 뛰는 위대한 목표를 가지고 있다. 물론 내 수많은 인생 목표 중 일부이지만, 그 목표를 반드시 현실 속에서 달성하기 위해서는 강력한 경제력이 반드시 필요하다. 그래서 더욱더 다양한 사업에 과감하게 도전을 해야 하고 반드시 더 크고 거대한 부를 필수적으로 이룩해야만 한다.

세계적인 명문대학교를 반드시 설립하겠다는 나의 인생 목표도 언제나 강력한 채찍질과 자극을 준다. 세계 최고의 명문대학교와 세계 최대의 자선사업, 글로벌 기업 비즈니스를 성공적으로 진행을 하려면 엄청난 규모의 부와 마인드, 인적자원, 추진력, 다양한 프로젝트, 다양한 비즈니스 경험 등이 필요할 것이다.

이 목표를 실현시키기 위해서는 인생의 놀라운 발전이 필수적인 요소이고, 그렇기 때문에 그 목표는 항상 언제나 나를 더욱더 업그레이드 시키기 위해서 강력한 채찍질과 자극이 되고 있다.

사랑하는 여러분,

놀라운 목표를 구체적으로 만들어보고, 미친 듯이 희망·용기·열정 속에서 하루 24시간을 활기차게 보내기를 바란다.

인간으로서 가장 건강하고 행복할 수 있는 영광스러운 삶이 바로 구체적인 인생의 가슴 뛰는 목표가 있고, 그것을 실현하기 위한 희망·용기·열정이 가득 차 있는 긍정의 삶이라고 확신한다.

당신의 인생을 바꾸어 주는 강력한 마인드 컨트롤

아침저녁으로 반복해서 외치면 놀라운 변화가 시작될 것이다.

① 자기 암시와 마인드 컨트롤을 통해서 나의 마음을 언제든지 마음대로 바꿀 수 있다.

② 자기 암시와 마인드 컨트롤은 성공과 부와 행복의 가장 기초라고 확신한다.

③ 잠재의식의 놀라운 힘을 안다는 것이 인생 성공의 가장 중요한 키포인트가 될 것이다.

④ 미친 듯이 나의 성공을 외치고 또 외칠 것이다.

⑤ 스스로의 마음을 다스리는 자만이 게임의 승자가 될 수 있다는 것을 확신한다.

⑥ 강력한 자신감과 끝까지 될 때까지 하는 끈기는 부자가 될 수 있는 최고의 비결이다.

⑦ 희망과 용기와 열정은 만병을 다스리는 최고의 명약이다.

당신의 마음을 바꿀 수밖에 없는 강력한 77가지의 무기 장착 테스트

"할 수 있다 / 할 수 없다"에 ○표를 하면서 체크해 본다.

1. 아침저녁으로 미친 듯이 성공을 위한 간절한 암시, 기도, 마인드 컨트롤, 우뇌자극기법을 잘 할 수 있다.
   할 수 있다 (   )   할 수 없다 (   )

2. 자신이 바로 이 세상의 진정한 주인공인 것을 분명히 확신하고 있다.
   할 수 있다 (   )   할 수 없다 (   )

3. 알파파를 이용해서 나의 잠재의식을 성공으로, 행복으로 분명히 이끌어 갈 수 있다.
   할 수 있다 (   )   할 수 없다 (   )

4. 성공하고, 잘 될 수밖에 없는 이유 77가지를 다이어리에 자세히 쓸 수 있다.
   할 수 있다 (   )   할 수 없다 (   )

5. 많은 사람들의 사랑을 받고 화려한 성공을 이룬 모습을 선명하게, 뚜렷하게 상상할 수 있다.
   할 수 있다 (   )   할 수 없다 (   )

6. 상대방의 입장에서 항상 이해하고 받아주며 넓은 포용력을 멋지게 발휘할 수 있다.
   할 수 있다 (   )   할 수 없다 (   )

7. 가슴속에 있는 용솟음치는 뜨거운 열정을 이 세상의 그 어느 누구보다도 더 멋있게, 마음껏 성공을 위해서 불사를 수 있다.
   할 수 있다 (   )   할 수 없다 (   )

8. 창조적인 상상력을 마음껏 펼쳐서 자신의 화려한 미래를 매일 뚜렷하게 상상하고, 그림을 그리고, 마음의 창으로 선명하게 볼 수 있다.
할 수 있다 (   )   할 수 없다 (   )

9. 편안하고 안일하게 살아가기에는 나의 강력한 에너지와 뜨거운 열정이 나를 그대로 가만 놔두지 않는다는 뚜렷한 확신을 가지고 있다.
할 수 있다 (   )   할 수 없다 (   )

10. 자신의 뜨거운 열정을 갈고 닦아서 많은 사람들에게 뜨거운 열정을 나누어 주는 위대한 인물이 될 것이다.
할 수 있다 (   )   할 수 없다 (   )

11. 꿈, 성공, 열정, 부자, 행복, 감동, 이런 단어들이 항상 언제나 내 마음 속에 다이아몬드처럼 빛나고 있다.
할 수 있다 (   )   할 수 없다 (   )

12. 한마디 한마디 영혼을 적시는 명언과 역동적인 시를 음미할 때 마다 가슴속에 빛나는 에너지와 기쁨, 희열을 느낄 수 있다.
할 수 있다 (   )   할 수 없다 (   )

13. 오늘 자신의 존재함과 건강한 삶 그 자체에 크다란 희망과 기쁨을 느끼면서 환희와 감동을 동시에 항상 언제나 즐길 수 있다.
할 수 있다 (   )   할 수 없다 (   )

14. 구체적인 부의 로드맵을 서서히 깨닫고 있으며 성공과 부에 다가서는 짜릿한 쾌감과 감동을 많은 사람들에게 나누어 주고 싶다.
할 수 있다 (   )   할 수 없다 (   )

15. 따뜻한 아침 햇살같은 미소로 많은 사람들을 대할 수 있으며 악수를 나눌 때 정다운 표정으로 정성을 다해서 최선의 사교를 할것이다.
할 수 있다 (   )   할 수 없다 (   )

16. 거절당할까봐, 오해받을까봐 절대로 두려워하지 않으며 부정적인 생각에는 단 1초도 내 소중한 인생을 낭비하지 않을 것이다.
   할 수 있다 (   )   할 수 없다 (   )

17. 인생에서 과연 무엇을 간절하게 진심으로 원하고 있는지를 구체적으로 잘 알고 있다.
   할 수 있다 (   )   할 수 없다 (   )

18. 위대하고 화려하고 찬란한 일들을 항상 상상하면서 옆길로 새지않고 뚜렷한 목표를 향해서 줄기차게 전진할 수 있다.
   할 수 있다 (   )   할 수 없다 (   )

19. 매일 아침저녁으로 하는 간절한 암시, 기도, 마인드 컨트롤, 우뇌자극 기법 속에서 자신도 모르는 사이에 화려한 기회를 잡고 있는 멋지고 자랑스러운 자신을 발견하게 될 것이다.
   할 수 있다 (   )   할 수 없다 (   )

20. 자신이 간절하게 원하는 나의 아름답고 위대하고, 풍요롭고 화려한 미래의 모습을 선명하게 구체적으로 상상할 수 있다.
   할 수 있다 (   )   할 수 없다 (   )

21. 자신이 간절히 계획하고, 꿈꾸는 모든 것들이 분명히 현실로 나타날 것이라는 것을 굳게 확신하고 또 확신한다.
   할 수 있다 (   )   할 수 없다 (   )

22. 용기, 열정, 정직, 낙천적인 정신자세로 모든 것을 이룰 수 있다는 강력한 확신을 가지고 있다.
   할 수 있다 (   )   할 수 없다 (   )

23. 화려한 부와 행복에 관한 올바른 욕망을 가지고 간절히 소망하며 모든 것을 원하는 방향으로 반드시 창조해 나아갈 수 있다.
   할 수 있다 (   )   할 수 없다 (   )

24. 창조주께서 자신의 모습에 가깝게 인간을 창조했다는 사실을 믿으며, 모든 것을 두드리는 데로 구하는 데로 얻을 수 있음을 확신한다.
할 수 있다 (   )   할 수 없다 (   )

25. 실패, 고통, 번민, 좌절이 바로 성공으로 전진해 나아가는 사람의 기본적인 필수 과정임을 확신한다.
할 수 있다 (   )   할 수 없다 (   )

26. 파도가 없는 항해, 고난이 없는 인생이 얼마나 단조롭고 감동이 없는지 잘 알고 있다.
할 수 있다 (   )   할 수 없다 (   )

27. 먼 곳으로 항해하는 큰 배는 반드시 큰 파도와 싸워야 한다는 사실을 잘 알고 있다.
할 수 있다 (   )   할 수 없다 (   )

28. 고난과 역경이 강할수록 더욱더 흥분이 되고 가슴이 뛴다.
할 수 있다 (   )   할 수 없다 (   )

29. 자신이 어느 곳을 향해서 가는지, 어느 방향으로 출발해야 하는지를 구체적으로 잘 알고 있다.
할 수 있다 (   )   할 수 없다 (   )

30. 자신이 미래를 100% 예측하는 능력은 없어도 창조적인 화려한 미래를 만들어낼 수 있는 놀라운 능력이 있다는 명확한 확신을 가지고 있다.
할 수 있다 (   )   할 수 없다 (   )

31. 매일 자신을 반성하고 성찰하면서 더욱더 발전을 다짐하는 마인드 컨트롤과 자기 암시를 성실히 할 자신이 있다.
할 수 있다 (   )   할 수 없다 (   )

32. 과거보다는 화려한 미래에 관심이 더 많으며 인생의 후반부를 보낼 마지막 클라이막스를 지금부터 체계적으로 철저하게 준비할 수 있다.

할 수 있다 (   )   할 수 없다 (   )

33. 아무런 구체적인 생각과 뚜렷한 계획이 없는 사람에게 놀라운 발전과 화려한 성공이 있을 수 없다는 사실을 확신한다.

할 수 있다 (   )   할 수 없다 (   )

34. 정보와 지식이 많은 똑똑한 사람이라도 영혼의 감동을 느끼면서 뜨거운 열정을 내뿜는 진실한 사람을 이기지는 못한다는 사실을 확신한다.

할 수 있다 (   )   할 수 없다 (   )

35. 뚜렷한 자기 암시를 끊임없이 하는 사람은 질적인 면이나 능률적인 면에서 그렇지 않는 사람과는 결과적으로 하늘과 땅 차이가 난다는 사실을 잘 알고 있다.

할 수 있다 (   )   할 수 없다 (   )

36. 인생에서 모든 성공과 실패를 좌우하는 것은 운이 아니라 강인한 정신력과 긍정적인 마인드라는 사실을 확신한다.

할 수 있다 (   )   할 수 없다 (   )

37. 항상 긍정적인 사고를 하고 낙천적으로 생활하며 화려한 미래를 매일 꿈꾸기 때문에 너무나도 하루하루가 즐겁다.

할 수 있다 (   )   할 수 없다 (   )

38. 매일 아침 충실한 삶을 다짐하고 성공을 계획하며 경제전쟁의 승리를 구체적으로 명시하면서 하루를 시작할 수 있다.

할 수 있다 (   )   할 수 없다 (   )

39. 꿈과 희망이 열매를 맺으려면 일정한 인내와 시련, 고통의 시간이 반드시 필요하다는 현실 게임의 법칙을 세상의 그 어느 누구보다도 잘 알고 있다.

할 수 있다 (   )   할 수 없다 (   )

40. 화려한 꿈과 놀라운 상상력으로 현재를 행복하고 열정적으로 살아가는 사람만이 미래의 주인이 될 수 있다는 사실을 잘 알고 있다.

할 수 있다 (   )   할 수 없다 (   )

41. 매일 상상하는 자신의 화려한 미래가 현실로 분명히 변화될 때까지 반복해서 또 상상하고 또 상상할 것이다.

할 수 있다 (   )   할 수 없다 (   )

42. 자신의 원대한 꿈이, 화려한 미래가, 현실보다 훨씬 더 빠른 속도로 성장하고 있음을 확신하고 있다.

할 수 있다 (   )   할 수 없다 (   )

43. 주변에 뚜렷한 꿈이 없고 목표가 없는 사람들이 자신의 인생을 너무나도 허망하게 낭비하고 있다는 사실을 잘 알고 있다.

할 수 있다 (   )   할 수 없다 (   )

44. 인생을 세상의 번영과 행복을 위해서 사용할 각오가 되어 있으며 세상에서 가장 큰 사명이 주어진 것을 진심으로 영광스럽게 생각한다.

할 수 있다 (   )   할 수 없다 (   )

45. 인생에서 가장 흥분되고 진정한 만족을 느낄 수 있는 것이 과연 무엇인가를 정확하게 알고 있다.

할 수 있다 (   )   할 수 없다 (   )

46. 하루하루가 모두 감동적이고 시간시간이 다 기쁨으로 가득 차있다.

할 수 있다 (   )   할 수 없다 (   )

47. 만나는 사람들마다 어떻게 하면 저들을 진정으로 행복하게 해줄 수 있는지를 생각한다.

      할 수 있다 (　　)　　　　할 수 없다 (　　)

48. 어떻게 하면 수많은 사람들에게 베풀어도 마르지 않는 샘물 같은 풍요로운 경제력을 가질 수 있을까 매일 진심으로 생각한다.

      할 수 있다 (　　)　　　　할 수 없다 (　　)

49. 현재 주어진 모든 것들을 진심으로 감사하게 생각하며 앞으로 주어질 영광스러운 화려한 미래를 더욱 감사하게 받아들일 것이다.

      할 수 있다 (　　)　　　　할 수 없다 (　　)

50. 지나간 과거에 고통을 준 사람들을 모두 용서하고, 오히려 그들을 인생의 스승으로 생각하고, 앞으로 만나게 될 새롭고 놀라운 깨달음과 기회를 부여할 진정한 멘토들을 진심으로 기쁘게 맞이할 것이다.

      할 수 있다 (　　)　　　　할 수 없다 (　　)

51. 자신의 위대한 목표를 달성하기 위해서 미친 듯이 노력하고 있는 나의 모습이 이 세상에서 가장 아름답고, 멋있고, 자랑스럽다.

      할 수 있다 (　　)　　　　할 수 없다 (　　)

52. 자신의 자손들의 행복과 번영을 위해서 단 한마디도 부정적인 얘기를 하지 않을 것이며, 오직 미래의 놀라운 가능성과 성공, 행복, 성취, 열정에 관한 얘기만 열심히 할 것이다.

      할 수 있다 (　　)　　　　할 수 없다 (　　)

53. 모든 사물을 장기적인 안목으로 바라보며 현재의 가치로 모든 것을 결코 판단하지 않는다.

      할 수 있다 (　　)　　　　할 수 없다 (　　)

54. 꿈의 크기가 인생의 크기를 결정한다고 확신한다.

      할 수 있다 (　　)　　　　할 수 없다 (　　)

55. 꿈의 크기는 절대로 제한을 받아서는 안 되며 꿈이 클수록 어떤 난관이나 장애물도 이겨낼 수 있다는 사실을 나는 확신한다.
할 수 있다 (   )   할 수 없다 (   )

56. 아무리 현재가 가난하고, 빈털터리라도 주머니 속이 미래의 화려한 꿈으로 가득하다면 나의 인생은 반드시 거대한 부를 만나게 될 것이다.
할 수 있다 (   )   할 수 없다 (   )

57. 위대한 꿈이란 나에게 끝없는 열정을 공급해주는 무한한 에너지임을 확신한다.
할 수 있다 (   )   할 수 없다 (   )

58. '만약' 이라는 단어를 사용하지 않으며 '어떻게' 라는 단어를 사용하여 비전을 현실로 창조해 나아갈 것이다.
할 수 있다 (   )   할 수 없다 (   )

59. 위대하고 구체적이고 더 큰 꿈을 가질수록 현실이 더 위대하고 커질 수 있다는 진리를 확신한다.
할 수 있다 (   )   할 수 없다 (   )

60. 자신이 계획한 위대한 감동의 길을 대다수의 수많은 사람들이 따라올 수 있도록 혼자서 꿋꿋하게 걸어갈 수 있다.
할 수 있다 (   )   할 수 없다 (   )

61. 상황이 최악이고 사면초가일 때 해결 방법은 무대포 전법과 독종 마인드로 무조건 과감하게 돌격하는 것이라고 확신한다.
할 수 있다 (   )   할 수 없다 (   )

62. 자신이 가지고 있는 비전을 수많은 사람들이 공감하고 공유할 수 있도록 열정을 가지고 리더십을 발휘할 것이다.
할 수 있다 (   )   할 수 없다 (   )

63. 꿈을 갖지 못하는 비전 상실 증후군은 무의식중에 서서히 익숙해지기 때문에 대부분 벗어나오지 못한다는 사실을 잘 알고 있다.
    할 수 있다 (   )   할 수 없다 (   )

64. 세상에 위대한 인물이 없다고 한탄하지 않을 것이며, 내가 바로 그 위대한 인물이 되기 위해서 최선의 노력과 열정을 내뿜을 것이다.
    할 수 있다 (   )   할 수 없다 (   )

65. 자신의 마인드로 인해서 인생 전체가 행복해질 수도 있고 불행해질 수도 있다는 사실을 잘 알고 있다.
    할 수 있다 (   )   할 수 없다 (   )

66. 오늘 간절한 마음으로 염원하고 있는 비전·사랑·성공·행복이 바로 나의 미래의 모습임을 확신한다.
    할 수 있다 (   )   할 수 없다 (   )

67. 위대한 열정과 감동으로 사람들을 이끌지 않으면 대중의 마음을 움직일 수 없다는 사실을 잘 알고 있다.
    할 수 있다 (   )   할 수 없다 (   )

68. 가장 먼저 성공을 향한 기초 계획을 수립하는 것에 일을 성취하는 데 드는 노력보다 더 심혈을 기울여야 한다고 확신한다.
    할 수 있다 (   )   할 수 없다 (   )

69. 꿈을 추구할 최소한의 용기만 있다 해도 어떤 꿈이든 언젠가는 현실 속에서 실현할 수 있다고 확신한다.
    할 수 있다 (   )   할 수 없다 (   )

70. 어떤 실패에도 동요하지 않고 목표를 향해서 자신의 길을 계속 달려간다면 언젠가는 최종 목적지에 도달할 수 있다고 확신한다.
    할 수 있다 (   )   할 수 없다 (   )

71. 어떤 장해물도 의지만 있다면 넘을 수 있다고 확신한다.

할 수 있다 (   )   할 수 없다 (   )

72. 목적하는 항구의 방향을 모른다면 항해가 시작될 수 없다는 사실을 잘 알고 있다.

할 수 있다 (   )   할 수 없다 (   )

73. 간절한 꿈과 위대한 이상을 가지게 된다면 누구나 자신의 운명을 바꿀 수 있다고 확신한다.

할 수 있다 (   )   할 수 없다 (   )

74. 진정으로 강한 자는 절대로 망설이지 않으며 현실의 벽을 깨는 것이 바로 할 일이라는 것을 누구보다도 확실하게 잘 알고 있다.

할 수 있다 (   )   할 수 없다 (   )

75. 운명의 바다를 건너고 불가능의 산을 넘어서는 자만이 진정한 자유와 행복을 만끽할 수 있다는 사실을 잘 알고 있다.

할 수 있다 (   )   할 수 없다 (   )

76. 과거의 성곽을 불태우고, 깨부수고, 파묻어버리는 자만이 새로운 미래의 성을 굳건히 지어 올릴 수 있다는 사실을 잘 알고 있다.

할 수 있다 (   )   할 수 없다 (   )

77. 항상 새로움을 추구하고 새로운 환경 속에서도 당당하게 적응할 수 있는 사람만이 세상을 바꿀 수 있는 사람이라고 할 수 있다.

할 수 있다 (   )   할 수 없다 (   )

※ '할 수 있다'가 50% 이상일 경우 당신은 충분히 변화할 수 있고 화려한 성공을 이룰 수 있다.

왜 당신의 직업을 바꾸지 않는가?
Why Not Change Your Job?

1. 꿈과 이상을 실현할 수 있는 직업에 풍요도 따라온다
2. 직업을 과감하게 바꿀 수 있는 사람만이 인생을 바꿀 수 있다

01 꿈과 이상을 실현할 수 있는 직업에 풍요도 따라온다

 **ONE STEP** 운명을 바꾸어 줄 수 있는 직업은 과연 무엇인가?

　인생의 가장 결정적인 운명의 흐름을 바꾸기 위해서는 일단은 인생의 새로운 변화 중에서 직업의 선택을 신중하게 잘해야만 한다. 세상의 수많은 가련한 인생들이 처음부터 직업 선택을 잘못하는 바람에 끝없는 스트레스 속에서 못 벗어나며 원망과 후회와 푸념 속에서 쓸쓸하게 살아가고 있다.

　어떤 직업을 선택하느냐는 바로 '어떤 라이프스타일의 인생을 살아가고 싶으십니까?' 하는 질문에 대한 대답과 거의 같다.

　"어떤 라이프스타일의 화려한 인생을 살아가고 싶으십니까?"

　"자신의 인생을 어떤 라이프스타일로 이끌어갈 수 있는 새로운 직업을 갖고 싶습니까?"

　내가 진심으로 권하고 싶은 최고의 인생이라고 할 수 있는, 최상급의 화려한 라이프스타일은 바로 여러분 스스로가 하고 싶은 일을 스스로의 의지로 해나가면서 시간과 공간으로부터 자유를 즐길 수 있는, 스스로의 창조적인 자아실현이 충분히 가능한 독창적이고 새로운 직업을 선택할 수 있기를 진심으로 바란다. 물론 이것은 사람에 따라서 어렵고도 거의 불가능한 일 중의 하나일 수도 있다. 그러나 사람에 따라서는 너무나도 아무것도 아닌 쉬운 일 중의 하나일 수도 있다.

현실 속에서 분명히 이룩하고 있는 부와 성공이란 그 사람이 발휘할 수 있는 최대치의 이성과 감성의 조화에서 오는 지극히 긍정적이고 창조적인 노력의 결과라고 누구나 인정할 수 있다. 이성과 감성의 조화를 이룰 수 있는 최고의 환상적인 직업이란 바로 능력을 최고로 발전시켜주고 그 능력의 수치를 놀라운 연봉으로 제공해주는 지극히 긍정적이고 창조적인 직업이라야 한다.

모든 사람에게 주어져 있는 좌뇌를 이용하는 '이성'과 우뇌를 사용하는 '감성'이 가장 적절하게 50대 50으로 조화를 이루고 있는, 꿈을 현실 속에서 분명히 실현시켜 줄 수 있는 세상 최고의 창조적인 직업의 종류와 그 현실 속에서의 확실한 진출 방향을 지금부터 같이 냉철하게 한번 꿰뚫어 봐야만 할 것이다.

그리고 그 방향으로 과감하게 용광로 같은 열정으로 일관성 있게 밀어붙이고 행해야만 인생의 헛된 시간과 노력의 낭비를 줄일 수 있다. 새로운 세상, 새로운 인생을 창조하는 역동적인 직업의 조건과 구체적인 종류를 지금부터 구체적으로 자세하게 살펴보겠다.

지금의 글로벌 시대는 시간이 지날수록 산업화와 정보화를 거쳐 가면서 점점 더 창조성과 개척성, 독창성을 중시하는 특별한 시대로 변화를 맞이하고 있다. 많은 기업들과 많은 직업들이 중국, 인도, 필리핀 등 아시아의 저임금 지식 근로자들에게 그 터전을 빼앗기고 있고 향후 10년은 세계적으로 그 속도가 더 빨라질 것이다.

　기존 임금의 15퍼센트밖에 안 되는 값싼 임금에도 거의 같은 수준의 일을 해내는 이들, 독종 마인드로 무장한 아시아 지식 근로자들이 막강한 인구증가율과 함께 온 인류의 세상을 강력하게 이끌어가는 전혀 예상 밖의 시대가 열리고 있는 것이다.

　미국·유럽·일본 등 기존의 선진 강대국들은 이제 위기의식을 갖지 않을 수 없게 되었다. 그리고 10년 전에 우리가 최고의 고수입 직업군이라고 했던 최상급 전문분야의 직업군들이 현재 대거 전반적인 규모로 후퇴하고 수입이 줄어들고 있으며 사회적인 지위도 약화되고 있음을 경험하고 있다.

　내 주변에도 급격한 수입의 저하로 고민을 상담하는 전문직종에 있는 지인들과 친구들이 상당히 많이 있다. 10년 전에 가장 안정적이라고 자부했던 화려한 직업군들이 후진들의 과다 배출로 인해서 화려한 색깔이 퇴색되어 가고 있다. 오랜 시간 동안 준비하고 어려운 시험에 합격해야만 겨우 진출할 수 있는 최고의 전문 직종들의 인지도와 수입의 추락은 사회적으로 볼 때 완전히 토사구팽이라고 볼 수도 있다.

　국가고시나 자격증을 취득하기 위해서 수년간을 그 좁은 고시원 방에서, 도서관 안에서 꽃다운 청춘을 보내고 있는 새파란 젊은이들을 볼 때마다 가슴이 너무나도 많이 아팠다.

　지금 이 시간에도 그 좁은 고시원에서 하루 종일 책을 펴놓고 앉아 있을 후배들과 지인들을 생각하면 가슴이 답답해진다. 물론 누군가는 그 일을 해야 되겠지만, 수많은 젊은이들이 편안하고 안정된 인생을 추구하기 위해서 인생의 유일한 돌파구로 생각하고 있는 그 고시 합격의 인생 방향이 내가 볼 때는 결코 그들의 생각처럼 안정되지도 않고, 화려하지도 않고, 행복해보이지도 않기 때문이다.

인생에서 변함없이 안정되고, 화려하고, 진정한 행복이 평생 보장되어 있는 유일한 방향이란 결코 존재하지 않는다. 세상에 변함없이 계속 끊임없이 보장될 수 있는 것은 전혀 아무것도 없다고 확신한다. 그래서 보다 많은 젊은이들이 창조적인 21세기 글로벌 경쟁사회에 어울리게 좀 더 역동적이고 독창적이면서 전혀 안정되지 않은 방향의 역발상으로 블루오션 직업을 과감하게 선택하기를 진심으로 바란다.

10년 전의 최고의 화려한 직업들이 지금은 결코 최고의 화려한 직업들이 분명히 아니다. 현재 다들 두려워하고 선호하지 않는 전혀 안정되지 않는, 세상의 모든 사람들이 무시하고 있는 직업들이 바로 진정으로 강하게 키워줄 수 있는 10년 후에 최고로 인정받는 새로운 직업이 분명히 될 수도 있다.

기존의 학교에서 배운 기초 지식만으로는 결코 삶의 작은 부가가치는 물론이고 높은 꿈과 화려한 이상을 결코 실현할 수 없다. 세상은 오로지 실전이며, 지식과 실전이 조화를 이룰 때 바라는 모든 것들이 다 가능해질 수 있다. 그렇기 때문에 타고난 운명과 생명력을 완전히 바꾸어 줄 수 있는 10년 후 최고의 우뇌적인 직업의 분야에 당신을 용기 있게 과감하게 도전시키고 노출시켜야 한다.

21세기의 다변적이고 창조적인 세상에서 당신이 살아남을 수 있고, 더욱더 화려한 미래를 역동적으로 개척하기 위해서는 다음의 7가지의 요소를 충족시켜 주는 창조적인 직업이 반드시 필수적으로 필요하다.

① 독창성

② 창조성

③ 개척성

④ 수익성

⑤ 활동성

⑥ 다양성

⑦ 발전성

처절한 글로벌 경쟁사회에서 살고 있는 21세기는 가슴으로 생각하며 글로벌 경제의 흐름을 파악하고 역동적·능동적으로 움직일 수 있는 창조적인 분야만이 오로지 살아남을 수 있다. 그래서 위의 7가지 특성을 골고루 갖추기 위해서 좀 더 구체적으로 생각해보면 다음과 같다.

① 자신만의 독특함을 인정해주는 직업

② 당신만의 창조적인 재능이 발휘될 수 있는 직업

③ 새로운 도전과 개척정신이 항상 필요한 직업

④ 놀라운 연봉이 가능한 직업

⑤ 활동이 자유로운 직업

⑥ 다양한 계층을 만날 수 있는 직업

⑦ 반드시 수년 내로 CEO가 될 수 있는 가능성이 있는 직업

많은 사람들이 직업을 선택할 때 자신만의 적성이 중요하다고 생각하지만, 사실상 자기 자신의 진정한 적성을 정확하게 알고 있는 사람은 별로 많지 않다. 사람의 적성이란 어떠한 목적과 정확한 목표를 가지고

열정적으로 부딪히고 뚫고 나아가다 보면 어느 정도까지는 누구에게 나 자동적으로 맞추어지는 것이 아닌가하고 나의 경험을 비추어서 생각을 해본다.

나는 항상 젊은이들에게 영업과 마케팅을 두려워하지 말고 자신감을 가지고 무조건 도전하라고 확실하게 말한다. 젊은 나이에 도전하고 반드시 스스로 익혀야 할 영업과 마케팅 능력이야말로 사람들의 마음을 자극하고, 감동을 시켜서 정해놓은 목표대로 움직일 수 있는 위대한 힘이다. 어떤 상황 속에서도 살아남을 수 있는 강력한 생명력의 힘이고, 세상의 변화를 예측하고 이성과 감성의 환상적인 조화를 통해서 미래를 이끌어갈 위대한 지도자의 필수적인 조건이다.

새로운 세상을 창조하는 위대한 지도자의 조건에 창조적인 마케팅 능력은 필수적이며, 화려한 미래를 위해서 자손들의 성공과 행복을 위해서 다음에 제시하는 7가지 분야의 직업에 기본적인 방향을 설정하고 과감하게 도전해야 한다고 확신한다.

10년 후를 이끌어갈 7가지 분야는 우주항공, 유통, 생명공학, IT, 부동산, 에너지, 마케팅이다. 여기에 준해서 평범한 사람이 도전해야 할 7가지 10년 후 최고의 직업은 다음과 같다.

① FC 계통
② 부동산 계통
③ 자동차 딜러 계통
④ 무역 계통
⑤ 중간 도매상 계통
⑥ 크리에이터 계통
⑦ 디벨로퍼 계통

여기서 제시한 7가지 계통의 직업들은 학력·연령·성별 제한이 최대한 없는 오픈마인드의 업종이며, 물론 기업·국가·지역에 따라서 여러 가지 조건이 다르게 있겠지만 여러분들의 마음속에 있는 용광로 같은 뜨거운 열정의 강도가 얼마나 강력하느냐에 따라서 그 결과가 확연하게 달라질 것이라고 확신한다.

진심으로 갈망하고 있는, 따분한 인생의 기본적인 흐름을 완전히 바꾸어주고, 운명의 방향을 바꾸어줄 수 있는 창조적인 직업은 분명히 새로운 고객을 개척하는 21세기형 마케팅 분야의 직업이 될 것이다. 또한 독창성과 창조성·다양성에 따라서 무한한 발전으로 변화되어 갈 수 있을 것이라고 확신한다.

사랑하는 독자 여러분,

과감한 용기를 갖고 당신의 인생의 방향을 처음부터 화려한 풍요와 성공, 행복으로 맞추기 바란다.

오늘 당신의 선택은 미래의 당신의 모든 것을 통제할 수 있다.

TWO STEP 과연 무엇이 당신을 틀 속에 가두고 있는가?

지나간 인류의 오랜 역사 속에서 분명히 확인할 수 있는 가장 아이러니한 사실은 특정한 형태의 고정된 사고를 강하게 가지고 있는 사람들이 오히려 역사적으로 특별한 대우를 받아 왔다는 사실이다. 이러한 양상은 21세기에 접어들면서 완전히 확연하게 다른 양상으로 변화되고 있다.

지금 현재 글로벌 경쟁사회인 21세기는 아래와 같은 사람들을 더욱 더 많이 필요로 한다.

① 다양한 사고를 가진 각양각색의 독특한 개성 있는 사람
② 새로운 것을 끊임없이 창조해내는 사람
③ 타인의 마음과 감성을 자극해서 공감을 이끌어내는 놀라운 마케팅 능력을 가지고 있는 사람
④ 시대의 패턴을 읽고 그 흐름을 재빨리 파악할 수 있는 사람
⑤ 많은 새로운 것들에 새로운 창조적인 의미를 부여할 수 있는 사람
⑥ 수많은 세상 사람들에게 벅찬 기쁨과 감동을 주면서, 창조적인 리더십을 천재적으로 발휘할 수 있는 사람
⑦ 큰 꿈을 가지고, 큰 그림을 그리며 전체적인 시각을 통해서 보통 사람들보다 훨씬 넓게 사고할 수 있는 사람

위의 7가지 필요 조건을 충족시키는 능력의 소유자들은 이때까지와

는 비교도 되지 않는 월등히 풍요로운 사회적 보상과 행복, 무한한 즐거움, 풍요, 쾌감, 자유를 누리게 될 것이다. 이 7가지를 기준해서 다시 10년 후의 최고의 직업을 분석해본다면 스스로 판단을 하는 데 도움이 되리라고 생각한다.

1. FC 계통

글로벌 다국적 기업들의 활동이 두드러지고 있으며 국내·국외 전문 컨설턴트들의 활동범위가 점점 넓어지고 있고, 자본시장통합법의 시행으로 그 지위와 수익이 더 늘어날 전망이다.

신입사원들의 교육과정이 과거보다 훨씬 과학적·체계적으로 발전해서 개인의 독창성과 창조성을 개발하는 데 효과적이며, 글로벌 다국적 기업들의 진출로 업계의 질적 향상이 놀라운 수준으로 발전이 이루어지고 있다. 연봉 수억에서 수십억이 충분히 가능한 분야이며 글로벌 진출이 용이하고 스스로 단계적으로 발전해서 본부장, 임원, CEO가 충분히 가능한 분야이다.

남성은 4년제 대학졸업, 여성은 2년제 이상 졸업이면 취업이 누구나 충분히 가능하며 이 조건도 상황에 따라 회사에 따라서 얼마든지 다르게 바뀔 수 있다.

보통 사람들보다 훨씬 뛰어난 사교성과 체계성, 다양한 인적 네트워크를 형성하는 데 최고의 직업이며 단기간에 놀라운 부를 이루는 젊은 부자들이 많이 탄생될 수 있는 실전 마케팅의 분야이다. 꿈이 크고 활동성이 뛰어난 젊은이들에게 FC 계통을 적극적으로 권한다.

인터넷 사이트와 홈페이지들을 통해서 언제든지 다양한 회사에 입사할 수 있고 신입사원 교육에 누구나 적극적으로 참여할 수 있다. 신입사원 교육과정에도 일정한 급여가 지급되는 회사가 거의 대부분이므로 마케팅 쪽 분야의 완전 초보자라 할지라도 처음에는 전혀 부담을 가지지 말고 과감하게 도전 해보기를 기대한다.

FC 계통에 진출했을 때의 장점
- 다양한 계층의 사람들을 만날 수 있고 겸손과 리더십을 배울 수 있다.
- 체계적인 신입사원 교육을 받으면서 완전히 새로운 인생의 창조적인 변화를 시도할 수 있다.
- 과학적인 고객 설득법, 접근법, 감동, 만족시키는 법, 수익창출법 등을 단계별로 체계적으로 배울 수 있다.
- 열정을 다해 일을 함으로써 부지점장, 지점장, 본부장, 임원, CEO로 충분히 진출할 수 있다.
- 국내에 이미 진출한 다국적기업에 처음부터 과감하게 진출함으로써 글로벌 시장 진출이 유리하고 용이한다.
- 수많은 고객들의 다양하고 두터운 인적 네트워크를 축적시킴으로써, 나중에 이 인적 네트워크를 이용해서 다른 창조적인 사업, 새로운 분야에 진출하기가 쉽고 도움이 된다.
- 많은 여유 시간과 활동할 수 있는 공간이 자유로우므로 다양한 취미생활을 통해서 자아실현과 창조적인 사교활동을 즐길 수 있다.

2. 부동산 계통

원룸, 임대, 매매, 빌딩, 경매, 기획, 토지, 분양 등 다양한 분야를 포함하고 있다. 21세기에 가장 필요한 특별한 능력 중의 하나인 새로운 것을 계속 창조해내는 능력, 고객의 마음속에서 공감대를 이끌어내는 능력, 항상 넓게 생각하고 큰 그림을 그려내는 능력을 키우는 데 가장 효과적인 분야라고 할 수 있다.

나의 경우는 20대 초반부터 약 27군데의 컨설팅 회사를 돌아다니면서 반복해서 많은 멘토들의 노하우를 경험했다. 많은 스승들을 만났고 그들의 놀라운 노하우를 다양하게 자연스럽게 전수를 받을 수 있었다. 상상을 초월하는 놀라운 능력의 소유자들을 많이 만날 수 있는 분야이고 당신의 운명을 바꾸어 줄 수 있는 충분한 울타리가 될 것이라고 확신한다.

자격증은 그리 중요하지 않으며 초보자일 경우에는 기본적인 소규모의 1층 부동산에서 출발하여 점점 더 규모가 큰 법인회사의 방향으로 진출하기를 권한다.

새롭게 떠오르는 21세기의 창조적인 세상에서 빛나는 부의 결실을 이루고, 화려한 가문의 영광을 이루고자 하시는 여러분들에게 훌륭한 길잡이 역할을 할 수 있는 분야라고 생각한다. 학력 · 연령 · 성별에 관계없이 다양한 부동산 분야에 누구든지 편안하게 진출을 하실 수 있다. 지역신문, 인터넷을 통해서 다양한 구인정보를 얻고 언제든지 입사 지원을 할 수 있다.

부동산 계통에 진출했을 때의 장점
- 부동산 거래의 전반적인 룰을 알게 되면 남에게 어리석게 사기를 당할 일을 많이 줄일 수 있다.
- 부동산 물건을 매일 열심히 보다보면 놀라운 투자와 재테크의 감각이 어느 날 갑자기 생기게 된다.
- 좋은 부동산 투자물건을 직접 선택하고, 투자할 수 있는 기회가 많이

생기게 된다.
- 돈이 많은 부자 고객들을 많이 만나게 되고 그들의 노하우를 직간접적으로 듣게 되고 많은 영향을 받게 된다.
- 수많은 이미 성공한 멘토들에게 다양한 노하우를 익히고, 그들의 영향으로 빠른 시일 내에 새로운 CEO가 될 수 있다.
- 글로벌 시장으로 진출할 수 있는 방법과 노하우를 다양하게 쉽게 터득하게 된다.
- 시간이 갈수록 자산이 늘고 지식과 경험이 축적되어, 자신감이 넘쳐 흐르는 강력한 파워 인생을 살아갈 수 있다.

중요한 것은 이쯤에서 여러분께서 과연 이러한 마케팅 쪽의 일을 할 마음의 준비가 충분히 되어 있는가하는 문제이다.

과연 무엇이 당신을 좁은 그 생각의 틀 속에 가두어 놓고 있는가?

당신의 연봉은 원래 수십억이 충분히 가능하다. 다만, 그 방법과 길을 찾지 못했을 뿐이고 마케팅 쪽으로 인생을 변화할 수 있는 과감한 용기를 갖지 못했을 따름이다. 대부분의 사람들은 편안하고 안정된 직장만을 원한다. 성과급제의 이러한 마케팅 쪽의 일을 안정되지 못한 일로, 아무나 할 수 없는 일로 크게 선입관을 가지고 오해를 하고 있다.

보통 사람들이 꿈도 꿀 수 없는 입체적인 마케팅의 기술을 몸에 터득하면 깜짝 놀랄 만한 큰 연봉과 함께 창조적인 삶의 행복한 기술을 상상할 수 없는 규모의 상징적인 퇴직금으로 보장을 충분히 받을 수 있다. 대부분의 사람들이 좁은 직장생활에서 심각한 불안감을 느끼면서도 그곳에서 과감하게 벗어나지 못하는 이유 중의 하나는 바로 이러한 마케팅 분야로 도전에 대한 스스로의 확실한 자신감이 없기 때문이다.

크고 넓고, 거대한 마케팅의 창조적인 세상으로 나오는 것을 완전히 가로막고 있는 그 좁고 작은 틀을 7가지로 분류를 해본다.

① 도저히 자신이 마케팅을 해서 화려한 성공을 할 수 있다는 자신감이 전혀 느껴지지 않는다.

② 계약을 성사시키기 위해서 여기저기를 돌아다니는 불쌍한 자신을 생각을 해보니 벌써부터 서글픈 생각이 들어서 괴로울 것 같다.

③ 지금 이 직장에서 잘리면 도저히 어떤 분야에 진출을 해야 할지 감을 전혀 잡을 수가 없다.

④ 처자식의 얼굴을 쳐다보다 보면 그나마 이 직장에서 성실하게 끝까지 버텨가야겠다는 생각이 더욱 든다.

⑤ 막상 다른 새로운 분야에 과감하게 진출을 하고 싶은 마음은 굴뚝같지만, 그나마 몇 달이라도 버틸 여유 생활의 기본 자금이 전혀 없어서 아예 엄두가 나지를 않는다.

⑥ 마케팅 영업 분야는 선천적으로 타고나기를 자신하고는 전혀 궁합이 맞지를 않는 것 같다.

⑦ 높은 연봉을 분명히 갈망하지만 자신이 과연 잘 견디고 그 어려운 마케팅 영업을 잘 해낼 수 있을지에 대해서는 자신이 없다.

위의 7가지는 결국 모두 같은 내용의 이야기들이다. 인생을 탈출하지 못하도록 가두고 방해하는 좁고 나약함의 틀은 바로 아래의 내용들이다.

① 불안감

② 소심함

③ 쓸데없는 자존심

④ 나약함

⑤ 사교성 결여

⑥ 정보 부족

⑦ 고정관념

이 7가지 최악의 틀을 스스로 벗어나지 못한다면 세상의 어느 누구도, 어떤 상황도 당신의 그 나약하고 불쌍한 인생을 구제할 수 있는 방법은 전혀 없다.

10년 후의 세상은 이제까지 살아왔던 세상보다 훨씬 더 처절한 피터지는 경쟁 속에서 피눈물을 흘리며 독종 마인드·면도날 마인드로 살아가야 할 것이다.

마음속에 존재하고 있는 모든 나약하고 비겁한 실패와 푸념, 불평의 찌꺼기들을 완전히 과감하게 버려버리고, 영광을 위해서 7가지의 초극대화되어 있는 행복과 긍정의 힘을 반드시 이용해서 화려한 성공으로 나아가야 한다. 인생을 눈부시게 만들어줄 초극대화시켜야 할 7가지의 행복과 긍정의 힘은 자신감, 확신, 사교성, 강인한 체력, 도전 정신, 무대포 정신, 찍은 데 또 찍는 정신이다.

① 자신감

화려한 미래의 성공에 대한 자신의 강력한 자신감을 말한다.

② 확신

스스로가 세상에서 분명한 온리원이며 무조건 화려한 성공을 이룩할 수밖에 없다는 자신의 운명에 대한 강력한 믿음과 확신을 말한다.

③ 사교성

세상의 그 어느 누구든지 다 자신의 사람으로 만들 수 있는 놀라운 사교성과 리더십을 말하는 것이다.

④ 강인한 체력

세상 어느 누구도 따라올 수 없는 강력한 체력과 정신력을 말한다.

⑤ 도전 정신

세상의 그 어떤 일이든지 호기심과 열정을 가지고 뛰어들 수 있는 스스로를 시험할 수 있는 과감한 도전 정신을 말한다.

⑥ 무대포 정신

항상 머뭇거리지 않고 미래의 화려한 성공을 확신하며 과감하게 밀어붙일 수 있는 강한 에너지의 무대포 정신을 말한다.

⑦ 찍은 데 또 찍는 정신

실패를 하고, 무시를 당하고, 배신을 당해도 전혀 신경쓰지 않고 또다시 도전하고 일어설 수 있는 바로 그 강력한 정신을 말한다.

이 7가지의 행복과 긍정의 힘을 세계에 행복과 긍정의 바이러스로 퍼뜨리기 위해서 힘차게 '영혼을 울리는 명강의'를 언제나 늘 열정적으로 하고 다닐 것이다. 이 책의 독자들이 이 7가지의 세상과 강력하게 전투를 벌일 수 있는 최고의 파워풀한 다양한 무기를 장착을 한다면 아마 불가능한 일이 거의 없을 것이라고 확신한다.

02 직업을 과감하게 바꿀 수 있는 사람만이 인생을 바꿀 수 있다

ONE STEP 인생은 모두 기회로 구성되어 있다

3. 자동차 딜러 계통

글로벌 시장으로 뻗어 나아갈 수 있는 역동적인 자동차 딜러 계통은 자녀들이 미래사회를 현명하게 잘 준비하기를 바라는, 생각이 깊은 부모들이 좀 더 관심을 가져야 할 21세기 최고의 유망 분야 중 하나이다.

중고차, 국내차, 수입차로 이루어져 있는 자동차 딜러 분야는 수출과 수입을 병행해서 무역과도 밀접한 관계가 있으며 글로벌 진출이 용이한 지극히 창조적인 분야이다. 선진국과 후진국의 수요 특성을 잘 고려해서 국내의 중고차를 그 특성에 맞게 개발, 수출하는 것도 멋진 아이디어 중의 하나이다. 거꾸로 고급 중고차를 국내로 수입하는 것도 또 하나의 창조적인 아이디어가 될 수도 있을 것이다.

자동차와 관련된 다양한 사업은 독특한 아이디어만 접목하면, 호황기·불경기를 떠나서 불황이 별로 없다고 할 정도로 중고차를 사든 신차를 사든 자동차는 현대인의 대중적인 필수 생활품이 되어버렸기 때문이다.

그때그때 국내외의 경기와 흐름을 파악해서 가장 적절한 새로운 나라에 수출과 수입을 하는 창조적이고 능동적인 감각을 수많은 멘토들을 통해서 익힐 수만 있다면 세상의 어느 누구도 따라올 수 없는 빠른 속도의 성장을 이룰 수도 있을 것이며, '세상이 바로 나를 중심으로 돌아가는구나!'라는 자신감 넘치는 생각이 들 것이다.

자동차 수출·수입을 통해서 수십억에서 그 이상을 버는 사람도 분명히 세상에 존재한다. 기초부터 차근차근 마케팅을 체질화하면 이 분야에서 분명히 당신 인생 전체의 느낌, 분위기와 패션, 성공의 방향이 달라짐을 충분히 느낄 수 있다.

중고차·국내차·수입차 모두 입사는 회사에 따라 물론 차이가 있겠지만, 인터넷을 통해서 알아보면 거의 언제든지 가능하다고 볼 수 있으며, 학력·성별·나이를 떠나서 그 특성에 맞춰 얼마든지 쉽게 누구나 도전을 해볼 수가 있다.

인터넷과 지역정보 신문을 통해서 다양한 정보를 검색해보고, 각자의 지역·성향·관심사에 맞추어서 어디서든지 쉽게 누구나 지원이 가능할 것이다.

자동차 딜러 계통에 진출했을 때의 장점
- 진정한 마케팅의 기초를 기본부터 차근차근 체계적으로 배울 수 있다.
- 작은 물건이 아니기 때문에 들고 다니며 영업을 해야 하는 힘든 수고를 덜 수 있다.

- 누구나 얼마든지 사원, 팀장, 본부장, CEO로의 단계별 화려한 발전이 충분히 가능하다.
- 국내외 어디서든지 손쉽게 다양한 진출 경로를 통해서 독창적으로 발전해 나아갈 수 있다.
- 무역을 익혀서 종합적이고 독창적인 글로벌 다국적 딜러로 스스로 얼마든지 창조적으로 발전해 나아갈 수 있다.
- 최고급차를 전문으로 할 경우 폭넓은 부자들의 인적 네트워크가 많이 생길 수 있다.
- 자동차를 사랑함으로써 이 세상의 그 누구보다도 폭넓게, 멋있게, 활동적인 인생을 즐길 수 있다.

"당신의 아름다운 꿈을 글로벌 딜러 계통에서 한번 펼쳐보지 않으시겠습니까?"

4. 무역 계통

인터넷에서 무역 아카데미를 검색해보면 다양한 강좌가 준비되어 있음을 알 수 있다. 그러나 중요한 것은 이러한 복잡한 이론에 너무 깊이 심취하기보다는 기초지식을 습득한 후에 과감하게 실전 무역 분야의 업종에 지원하여 적극적으로 진출을 하는 것이 중요하다.

무역 계통의 인적 네트워크와 수많은 멘토들을 통해서 실전에서 배우는 다양한 알짜배기 지식들이 바로 인생을 통째로 바꾸어 줄 수 있는 가장 중요한 성공의 실전 비결이다. 무역항의 국제 여객선을 이용해서 일명 보따리 장사를 하는 분들도 많이 있다. 이러한 보따리 장사를 따라다니면서 무역의 기본을 배우기 시작해서 거대한 글로벌 기업으로의 원대한 꿈을 꾸어가면서 단계별로 경험을 쌓아보는 것도 좋은 기초 로드맵이 될 수도 있다.

인터넷을 통해서 관련 업종을 자세하게 알아보고 과감하게 뛰어들어 실제로 일을 해 나아가면서 수많은 멘토들에게 다양한 실전 노하우를 피부로 접하면서 단계적으로 습득을 하는 것이 최단기간에 해야 할 필수적인 실천사항이라고 생각한다. 궁극적인 목표는 5년 내로 화려한 성공과 CEO가 되는 것이며 하루하루를 와신상담을 하는 처절한 마음으로 실전 전투에 임한다면, 성공한 CEO의 꿈은 생각보다 훨씬 빨리 이루어질 수 있을 것이다.

무역 계통에 진출해서 얻을 수 있는 장점
- 다양한 국가들의 특성과 글로벌 시장을 내다보는 안목을 배울 수 있다.
- 외국에는 있고 우리나라에는 없는 브랜드의 국내진출, 반대로 외국에는 없고 우리나라에는 있는 브랜드의 외국진출을 꾀하다보면 놀라운 판단력과 실전감각, 창의적인 아이디어와 실전 테크닉을 다양하게 익힐 수 있다.
- 상표등록과 특허출원, 판권에 관심을 가지게 되고 다양한 부의 로드맵이 당신만의 독특한 스타일로 완성될 수 있다.
- 환율과 국제 채권, 금 투자에 대한 다양한 지식과 정보를 얻게 되고, 실전 투자에 직접 자연스럽게 도전을 하게 된다.
- 국내인들이 관심을 가지고 있지 않은 아무도 모르는 새로운 글로벌 분야의 블루오션을 누구보다도 빨리 발견할 수 있다.
- 글로벌 시장 전체가 내 집처럼 되어서 자유롭고 활동적인 즐거운 생

활을 충분히 즐길 수 있다.
- 우리가 알고 있는 이 세상의 모든 상품들을 무역의 기본 재료로 삼을 수 있기 때문에 생각이 무한정 넓어지고 안목이 특별하게 발전하는 놀라운 변화를 이룩할 수 있다.

  사실상 창조적인 21세기 사회를 살아가고 있는 우리에게는 너무나도 많은 새로운 세계로 진출할 기회가 늘 풍족하게 주어지고 있다. 다만, 그것이 기회라고 알아보지 못할 뿐 언제나 주변에 놀라운 기회가 넘쳐흐르고, 수도 없이 많이 널려있다고 보면 딱 맞을 것이다.

  자동차 분야와 무역 분야도 물론 수많은 사람들의 흥망성쇠가 반복되면서 존재하고 있었겠지만, 나약하고 안일한 삶을 추구하는 소극적인 젊은 인생보다는 도전과 변화, 역경과 시련, 처절한 전쟁 속에서도 살아남을 수 있는 강한 인생을 활기차게 살아가기를 진심으로 갈망한다. 왜냐하면 이 세상은 시간과 기회를 제대로 활용할 수 있는 지극히 현명한 사람들에게만 풍요와 행복을 풍족하게 제공을 해주기 때문이다. 안전함과 안일함을 추구하며, 소극적이고 나약한 인생을 살아가는 사람들에게는 화려한 풍요도 없고 사실상 진정한 행복도 없다.

  인터넷 구인 사이트에 들어가면 여기서 제시하는 것보다 훨씬 더 엄청나게 많은 분야에서 많고 독특한 새로운 직장들이 당신을 애타게 기다리고 있다. 그 수많은 마케팅 분야의 직장 중에는 자극하고, 놀라운 실전의 경지로 끌어올려 줄 수 있는, 멋진 수많은 실전의 달인들, 놀라운 테크닉의 소유자들인 멘토들이 지금 사람들을 애타게 기다리고 있다.

  즐거운 상상을 하면서 영혼의 감동을 주는 멘토를 만나기 위해서 여러 군데의 직장에 도전하고, 적성에 맞지 않을 때는 또다시 과감하게 다른 직장으로 옮겨 다니기를 바란다.

《미래의 물결》을 쓴 자크 아탈리는 21세기는 '직장을 여러 번 바꾸는 시대이며, 여러 번 결혼을 하는 시대'라고 말했다. 행복과 풍요를 찾는 길이 한 번에 쉽게 이루어질 것이라고는 아예 상상조차 하지 않는다. 인류의 역사 속에 위대한 무엇인가를 이룬 사람 중에서 수많은 반복되는 처절한 실패를 경험하지 않은 사람이 없고, 격심한 고독과 고통을 받지 않은 자가 없으며, 무시와 혼돈으로 오랜 방황을 하지 않은 자가 없기 때문이다.

지금부터 인터넷 사이트에서 구인 사이트를 치시고 고정급이 아닌 성과급을 주는 마케팅 쪽에서 위에서 추천했던 분야의 직장을 한번 다양하게 검색을 해보기를 바란다. 그 사이트에 있는 수많은 마케팅업계 진출의 기회들이 당신을 환영하면서 기쁜 마음으로 반겨줄 것이다.

**TWO STEP 제일 앞서 가는 사람은
제일 먼저 결단을 내린 사람이다**

5. 중간 도매상 계통

중간 도매상 계통이란, 서적·의류·전자제품·건강식품·상품권·식품·청과물·보석류·연극·영화 등 세상에 존재하는 거의 모든 유·무형의 물품을 중간에서 도매로 거래를 하고 그 모든 판매의 권리를 가지고 중간 이윤을 보는 역사적으로 증명된 최고의 브랜드이며 창조적인 분야라고 할 수 있다.

거대한 현금으로 상황과 시기에 맞추어서 적절한 물건을 창조적으로 선택하여 대량으로 매입을 한 후 소매로 넘기면서 높은 차익을 남기는 것을 일본말로 일명 '도리땡' 장사라고 한다. 젊은 나이 때부터 성공한 대가 밑에서 구체적으로 배울 수만 있다면, 누구나 일취월장을 할 수 있는 마치 무협지의 무림세계와도 같은 분야라고 할 수가 있다.

국내의 다양한 분야뿐만 아니라 더 넓은 글로벌 시장으로 과감하게 진출해서 많은 품목에 대한 판매 권리에 관여하여 높은 수익을 쟁취하고 있는 장사에 천재적인 유태인들의 다국적 중간 도매상들이 지금 세계의 경제 흐름을 방향을 설정하고 강하게 움직여 가고 있다고 해도 과언이 아니다. 처절한 글로벌 경제전쟁의 세상은 사실상 판권사업의 세상이며 중간 도매상들의 창조적인 경쟁 체제의 세상이다.

당신은 어디서 어떻게 얼마나 효과적인 중간 마진을 볼 계획인가?

봉이 김선달 전법으로 손 하나 까딱하지 않고 대동강 물도 비싼 값으로 팔 수 있는 사람들이 바로 글로벌 중간 도매상 계통의 천재적인 실전 대가들이다. 세상에 존재하는 모든 브랜드 상품들은 중간 도매 이익을 충분히 발생을 시킬 수가 있다. 도매 유통에 특별히 관심이 많이 있는 사람들은 인터넷 구인 사이트를 통해서 유통 도매 분야를 다양하게 클릭해서 유심히 꼼꼼하게 살펴보기를 바란다. 그리고 굳은 결심이 섰다면 과감하게 한번 경험을 시도해본다고 생각을 하고 호랑이 굴로 그냥 들어가 보기 바란다.

블루오션에 해당되는 미래 아이디어 상품 분야의 중간 도매상 계통에 놀라운 감각으로 실전 승부를 걸어본다면, 놀라운 스스로의 발전과 함께 행복하고 화려한 미래를 분명히 만나게 될 것이다.

6. 크리에이터 계통

상표등록, 프랜차이즈 창업, 스타게이트 프로덕션, 영화 제작, 명품 브랜드 창조, 연극 제작, 디자인, 설계, 특허출원, CF 등 남이 전혀 생각지도 못한 일을 스스로의 놀라운 창조성으로 화려하게 새롭게 창조해 내는 블루오션 분야가 바로 크리에이터 분야이다.

처절한 글로벌 경제전쟁 시장에서 좀 더 창의적으로 좀 더 열성적으로 도전해야 할 이 크리에이터 분야는 국가의 운명과 사회·개인의 흥망성쇠를 결정하는 중요한 분야이다. 창의성과 감수성·독창성이 선천적으로 뛰어나게 발달을 하였으나, 일반 직장에서 전혀 그 천재적인 능력을 제대로 인정받지 못하고 매일 왕따 당하면서 괴로워하는 사람이라면 자신의 그 위대한 잠재 능력을 개발하기 위해서 바로 이 분야에 과감하게 뛰어들어야 한다.

99대 1의 법칙으로 거의 대부분의 실패와 극소수의 화려한 성공이 보장되는 이 분야는 모험과 도전정신으로 가득 차 있는 에너지 맨·우먼들의 가장 추천할 만한 생존전투 분야이다.

이 분야에서 크게 성공한 분들의 중요한 공통점이 바로 어린 시절이나 성장 과정에서 결코 보통 사람보다 뛰어나지 못했다는 점이며, 오히려 뒤떨어지거나 너무나도 특이해서 외톨이로 자라서 성인으로 성장을 했다는 점이다. 그리고 가장 큰 공통점이 누구보다도 많이 거절당하고 무시당하고 실의에 차 있었던 적이 수도 없이 많았다는 점이다.

　세계를 누비는 수많은 연극·뮤지컬·영화들의 판권을 가진 사람들은 상상을 초월하는 놀라운 창조 수익을 기록하고 있다. 또한 수많은 명품 브랜드의 판권을 가진 사람들도 변함없는 부의 로드맵을 여유 있게 즐기면서 달려가고 있다.

　세계의 수많은 특허권자들이 놀라울 정도로 화려한 인생을 멋지게 즐기고 있다. 평소에 길을 걸어 다니면서도, 길옆의 상가에 붙어있는 수많은 브랜드들의 간판을 쳐다보면서, 우리는 우리 자신의 명품 브랜드를 어떻게 창조적으로 개발을 할 것인가를 곰곰이 차분하게 생각을 해보아야 할 것이다.

　용광로 같은 열정과 도전정신과 용기가 있는 당신에게 놀라운 성공의 기회를 제공해줄 이 크리에이터 분야는 인터넷을 통해서 언제든지 누구나 손쉽게 진출을 할 수가 있다.

　꿈이 있는 당신! 두려움을 버리고 과감하게 실전 세상에 도전장을 내보기 바란다. 기본적으로 엄청난 고생과 고통을 처절한 마음으로 단단히 각오를 하고 말이다.

7. 디벨로퍼 계통

　디벨로퍼 계통은 에너지와 열정을 가진 젊은이라면, 가장 **빠른** 속도로 화려한 성장을 할 수 있는 가장 거대한 부에 과감하게 도전을 해볼 수 있는 변화와 창조의 놀라운 분야라고 자신 있게 말할 수 있다.

　전 세계의 모든 국가들은 천재적인 디벨로퍼들의 창조적인 활동으로 거대한 도시의 아름다움과 화려한 변화의 물결을 새롭게 형상화 해내고 있다. 두바이·중국·인도·베트남·말레이시아 등 현재 가장 **빠**

른 속도로 경제 성장을 하고 있는 나라들의 중심에는 바로 세계적으로 유명한 천재적인 디벨로퍼들이 대거 참여를 하고 있다는 것이 분명한 사실이다.

수많은 아름다운 빌딩과 환상적인 도시 계획 전체가 바로 그 나라 사람이 아닌 글로벌 다국적 기업들의 천재적인 디벨로퍼들이 생각해내고 새롭게 창조를 해낸 것들이다.

인터넷에 디벨로퍼를 치시면 수많은 교육기관과 관련 업체들이 보일 것이다. 초보자인 여러분들의 선택에 있어서 가장 중요한 것은 이 분야도 역시 위대하고 창조적인 '최고의 대가', '영혼의 멘토'를 만나는 것이 여러분의 인생에서 가장 의미 있고 중요한 일이 될 수 있다.

실전 상황에서 경험을 통해서 얻을 수 있는 주옥같은 지식보다 더 중요한 보석 같은 이론은 없다.

토지 개발, 도시 개발, 아파트 개발에 참여해서 한 번에 수천억 원을 버는 실전 사례도 분명히 있을 수 있다. 물론 이 디벨로퍼 업계에서 비참하게 실패를 할 확률은 당연히 더 확실하게 높다. 그러나 디벨로퍼들의 험난한 성공의 여정은 바로 실패와 시행착오가 수도 없이 쌓여있을 때, 비로소 화려한 성공이 다가온다는 것이 바로 진리에 가까운 이 계통의 실전 게임의 아름다운 법칙이다.

지난 시대의 단순하고 소극적인 논리가 아닌 창조, 창의, 공감, 유희, 사랑, 의미, 조화, 쾌감 등의 21세기적인 독특한 새로운 감각들이 간절히 더욱더 많이 필수적으로 필요한 곳이 바로 이 최첨단의 천재적인 디벨로퍼들의 창조적인 세상이다.

"10년 후의 제일 앞서가는 분야는 당신이 볼 때 과연 어떤 분야이며 무엇이겠는가?"

"10년 후 당신을 가장 발전시켜주고 부의 세계에 화려한 등극을 시켜줄 분야는 과연 어떤 분야이겠는가?"

"과연 당신은 이것에 대해서 구체적으로 어떻게 생각하는가?"

"10년 후 당신이 가장 사랑받을 수 있고 가장 행복할 수 있는 분야는 과연 어디이겠는가?"

제일 앞서 가는 사람은 제일 먼저 과감한 선택과 냉철한 결단을 내린 사람이다. 제일 화려한 성공을 이룬 사람은 아무도 가지 않을 때 그 분야를 제일 먼저 과감하게 치고 들어간 사람이라고 할 수 있다. 당신이 소극적으로 현실에 머무르고 있는 이 순간 누군가는 반복된 실패의 처절한 경험 속에서 피눈물을 흘리며, 화려한 미래의 문을 미친 듯이 힘차게 두드리고 있다.

인생은 온통 새로운 성공의 기회로 구성되어 있고, 새로운 분야로, 새로운 직업으로 과감하게 운명을 바꿀 수 있는 사람만이 인생을 완전히 통째로 그 색과 패션을 바꿀 수가 있다.

열정과 용기를 가지고 과감하게 블루오션으로 도전하시는 젊은 마인드의 여러분들에게 힘차게 열광적이고, 뜨거운 박수를 보낸다.

파이팅!!!

당신의 인생을 바꾸어 주는 강력한 마인드 컨트롤

아침저녁으로 반복해서 외치면 놀라운 변화가 시작될 것이다.

① 나는 꿈과 이상을 실현할 수 있는 직업이 풍요도 따라온다는 사실을 잘 알고 있다.

② '내 인생의 운명을 바꾸어 줄 수 있는 직업은 과연 무엇인가?'를

매일 생각한다.

③ '과연 무엇이 나를 틀 속에 가두고 있는가?'에 대해서 구체적으로 매일매일 분석을 한다.

④ 직업을 과감하게 바꿀 수 있는 사람만이 인생을 완전히 바꿀 수 있다는 사실을 나는 잘 알고 있다.

⑤ 인생은 모두에게 충분한 성공과 행복의 기회로 구성되어 있다.

⑥ 제일 앞서 가는 사람은 제일 먼저 냉철한 결단을 내린 사람이다.

⑦ 나는 화려한 미래를 위하여, 직업을 과감하게 바꿀 수 있다.

당신의 직업을 바꿀 수밖에 없는 강력한 77가지의 무기 장착 테스트

"할 수 있다 / 할 수 없다"에 ○표를 하면서 체크해 본다.

1. 부자가 될 수 있는 다양한 직업에 나를 노출시키기 위해서 온갖 노력을 다 할 것이다.
   할 수 있다 (   )   할 수 없다 (   )

2. 화려한 부를 이룬 친구들을 부담 없이 언제든지 만날 수 있다.
   할 수 있다 (   )   할 수 없다 (   )

3. 진정한 나의 존경스러운 멘토가 나타날 때까지 화려한 성공을 향한 수십 군데의 직장을 끈기 있게 옮겨 다닐 수 있다.
   할 수 있다 (   )   할 수 없다 (   )

4. 휴가를 이용해서 잠깐이라도 컨설팅 업종의 새로운 분야에 며칠이라도 일을 해볼 용기가 있다.
   할 수 있다 (   )   할 수 없다 (   )

5. 휴일에 다양한 부동산 매물과 빌딩·상가·오피스텔을 하루 종일 보러 다닐 의욕과 충분한 용기가 있다.
   할 수 있다 (   )   할 수 없다 (   )

6. 내가 본 수많은 매물들을 소개해준 친절하고 마음에 드는 컨설팅 회사에 역발상으로 과감하게 입사지원서를 낼 수 있다.
   할 수 있다 (   )   할 수 없다 (   )

7. 퇴근시간에 가까운 컨설팅 회사에 가서 다양한 브리핑을 의욕적으로 들어볼 의사가 있다.
   할 수 있다 (   )   할 수 없다 (   )

8. 국제 항구에 가서 국제선 배를 타고 보따리 장사를 하는 사람들에게서 다양한 무역 정보를 자세히 들어볼 수 있다.

할 수 있다 (   )   할 수 없다 (   )

9. 위대한 목표를 가지고 움직이는 사람이기 때문에 다양한 직업을 경험하는 것을 즐겁게 즐길 수 있다.

할 수 있다 (   )   할 수 없다 (   )

10. 다이아몬드 같은 직업을 찾기 위해서 최악의 직업부터 겸허하게 체계적으로 경험을 쌓을 것이다.

할 수 있다 (   )   할 수 없다 (   )

11. 수십 군데의 회사를 옮겨 다니면서 그들의 장단점과 특별함을 모두 다운로드받을 수 있다.

할 수 있다 (   )   할 수 없다 (   )

12. 무조건 화려한 CEO가 되기 위해서 움직이며, 다른 사람 아래에서 경험을 쌓는 기간을 최대한 파격적으로 줄여나갈 것이다.

할 수 있다 (   )   할 수 없다 (   )

13. 열정의 용광로를 뜨겁게 자극하는 직업을 반드시 찾아내서 이 세상 그 누구보다도 더 뛰어난 능력을 발휘할 것이다.

할 수 있다 (   )   할 수 없다 (   )

14. 대중의 관점을 잘 포착해서 오직 나를 중심으로 세상과 사물의 모든 흐름이 집중될 수 있도록 하는 천재적인 재능을 나는 가지고 있다.

할 수 있다 (   )   할 수 없다 (   )

15. 미친 듯이 깃발을 휘두를 수 있는 신바람 나는 마케팅 분야에서 나의 화려한 브랜드 깃발을 과감하게 힘차게 올릴 것이다.

할 수 있다 (   )   할 수 없다 (   )

16. 내가 소유하지 못할 것은 아무것도 없으며, 아무리 높고 어려운 것도 모두 정복할 수 있다는 강한 자신감과 확신을 가지고 있다.
할 수 있다 (   )   할 수 없다 (   )

17. 내가 상상하고 꿈을 꾸는 이상으로 잠재의식 속의 타고난 무한한 재능과 특별한 능력을 가지고 있다고 확신한다.
할 수 있다 (   )   할 수 없다 (   )

18. 세계 시장의 블루오션에 해당되는 독창적인 온리원 분야를 반드시 찾아내고 무조건 내 것으로 과감하게 만들 것이다.
할 수 있다 (   )   할 수 없다 (   )

19. 이 세상의 유일한 온리원인 나는 어떤 직업, 어떤 마케팅 분야에서도 화려한 승자인 마케팅의 황제가 분명히 될 수 있다.
할 수 있다 (   )   할 수 없다 (   )

20. 이 세상의 흐름과 성공의 로드맵을 나처럼 확실하게 구체적으로 분석하고 파악하는 사람은 없다고 나는 분명히 확신한다.
할 수 있다 (   )   할 수 없다 (   )

21. 이 세상 100대 부자들의 공통점이 모두 한걸음에 그 목적지에 도달한 것이 아니라, 숱한 시행착오와 시련·고통 속에서 도달한 것임을 나는 잘 알고 있다.
할 수 있다 (   )   할 수 없다 (   )

22. 꿈에 그리던 멘토를 만나고 놀라운 성공을 이룬 순간, 지나간 과거의 숱한 시행착오와 고통의 시간들이 순식간에 보상될 것이다.
할 수 있다 (   )   할 수 없다 (   )

23. 자신의 장점을 누구보다도 잘 알고 있으며, 장점이 바로 세상과 딱 맞아떨어지는 놀라운 천재적인 성공의 장점이라는 사실을 확신한다.
할 수 있다 (   )   할 수 없다 (   )

24. 직장에서 동료들의 장점을 강하게 키워주는 창조적인 리더가 될 수 있다면, 화려한 CEO 자리는 충분히 나의 것이 될 것이다.
   할 수 있다 (   )   할 수 없다 (   )

25. 나의 숙명적인 운명이 나를 위하여 보다 더 훌륭하고 아름다운 미래의 화려한 성공을 철저하게 준비하고 있다는 사실을 잘 알고 있다.
   할 수 있다 (   )   할 수 없다 (   )

26. 수많은 직업 중에서 위대한 곳으로 인도해 줄 성공의 직업을 찾아내는 비결은 바로 마인드와 열정, 꿈의 크기에 절대적으로 달려있다.
   할 수 있다 (   )   할 수 없다 (   )

27. 인생 최고의 희열과 화려한 성공은 항상 좌절·낙담·실망·비관·고독·은둔 다음에 온다는 사실을 세상의 누구보다도 잘 알고 있다.
   할 수 있다 (   )   할 수 없다 (   )

28. 화려한 성공을 이룰 수 있는 최고의 비책은 바로 남을 이기는 것이 아니라, 자기 자신을 이기는 것이라는 진리를 잘 알고 있다.
   할 수 있다 (   )   할 수 없다 (   )

29. 화려한 미래의 성공과 짜릿한 희열을 위하여 눈앞의 모든 쾌락을 강하게 절제하고 억제하고 극도로 자제할 수 있다.
   할 수 있다 (   )   할 수 없다 (   )

30. 인터넷 취업 사이트와 지역신문에 나와 있는 수많은 구인 광고 중에서 다양한 마케팅 쪽 분야의 구인 광고 내용을 항상 눈여겨본다.
   할 수 있다 (   )   할 수 없다 (   )

31. 새로운 직장에서 적응을 못하고 그만두는 상황을 즐기며 수많은 직장을 옮겨 다니는 것을 전혀 괴로워하거나, 부끄럽게 생각하지 않는다.
   할 수 있다 (   )   할 수 없다 (   )

32. 마케팅 분야에는 반드시 아이스브레이크가 있으며 얼음벽을 깨고 난 다음부터는 쉽게 계약이 이루어진다는 사실을 세상의 그 어느 누구보다도 잘 알고 있다.

할 수 있다 (   )   할 수 없다 (   )

33. 새로운 사람을 만나서 새로운 제안을 하고 새로운 상품을 권하는 것이 너무나도 즐겁고 짜릿한 쾌감과 기쁨과 전율을 느낀다.

할 수 있다 (   )   할 수 없다 (   )

34. 모든 사업과 마케팅은 칠전팔기의 기본 원칙이 적용된다. 스스로 포기하지만 않으면 누구든지 언젠가는 마케팅 챔피언이 충분히 될 수 있다.

할 수 있다 (   )   할 수 없다 (   )

35. 우리가 살아있다는 것은 바로 성공과 행복을 위해서 투쟁을 하고 있는 처절한 전쟁의 과정이라고 확신한다.

할 수 있다 (   )   할 수 없다 (   )

36. 행복과 성공이란 실패와 좌절 · 고통 · 고독 · 배신 · 무시 · 자기 반성 · 자기 성찰이라는 역을 지나서 도착할 수 있는 마지막 종착역이다.

할 수 있다 (   )   할 수 없다 (   )

37. 99%의 반대를 무릅쓰고 진출해야 하는 분야가 새로운 분야인 블루오션이며 1%만이 누리는 것이 바로 화려한 성공의 행복과 기쁨, 쾌감이다.

할 수 있다 (   )   할 수 없다 (   )

38. 무조건 과감하게 용기를 가지고 새로운 분야로 진출을 할 수 있는 사람은 다양한 실패를 통해서 생각지도 못한 여러 가지 보석 같은 실전 경험과 실전 노하우를 배우고, 화려한 행복과 영광을 누릴 수 있는 1%의 확실한 성공 예정자라고 할 수 있다.

할 수 있다 (   )   할 수 없다 (   )

39. 인류 역사의 가장 위대한 일들은 최악의 절망적인 상황 속에서 연출되어 창조되어 왔다는 것을 잘 알고 있다.
    할 수 있다 (   )   할 수 없다 (   )

40. 다양한 직업을 통해서 반드시 실전 게임의 법칙을 깨닫고 이 세상의 진정한 성공의 화려한 주인공이 될 것이다.
    할 수 있다 (   )   할 수 없다 (   )

41. 화려한 미래를 믿고, 목표를 구체적으로 쓰고, 마음속의 확신을 말로 반복해서 외치고. 열정적인 행동을 한다면 세상에 이루지 못할 일은 아무것도 없다.
    할 수 있다 (   )   할 수 없다 (   )

42. 인생에서 큰 고통과 실패가 없었다는 것을 자랑하는 사람은 가장 위험하고 불쌍한 사람이다. 왜냐하면 그는 곧 크게 고통과 실패를 경험할 예정자이기 때문이다.
    할 수 있다 (   )   할 수 없다 (   )

43. 어떤 최악의 조건도 모두 극복하고 주변의 환경을 강하게 지배 할 수만 있다면 그것은 바로 가문의 화려한 영광이며, 국가의 위대한 미래를 짊어질 젊은 영웅의 탄생을 의미하는 것이다.
    할 수 있다 (   )   할 수 없다 (   )

44. 은둔과 고통과 실패와 좌절은 그렇게 하면 절대로 안 된다는 것을 가르쳐주는 가장 큰 훌륭한 스승이다.
    할 수 있다 (   )   할 수 없다 (   )

45. 반드시 성공을 하고 화려한 미래와 영광, 행복을 즐길 수밖에 없다는 지극히 낙천적인 성격과 긍정적인 생각이 모든 운명과 삶의 패턴을 바꾸어 줄 것이다.
    할 수 있다 (   )   할 수 없다 (   )

46. 인생의 뚜렷한 목표와 구체적인 계획 속에서 항상 명랑하고 열정과 희망에 가득 차 있다는 것은 세상의 모든 행운을 불러 모아 줄 것이다.

할 수 있다 (   )   할 수 없다 (   )

47. 몸이 바뀌고, 직업이 바뀌고, 마음이 바뀌는 변화의 과정이 너무나도 즐겁고 행복하다.

할 수 있다 (   )   할 수 없다 (   )

48. 나약한 사람은 환경이 바뀌기를 기다리고, 강한 사람은 환경 자체를 자기 위주로 강력하게 바꾸어 버린다.

할 수 있다 (   )   할 수 없다 (   )

49. 많은 사람들이 스스로 얼마나 특별한 성공과 행복의 에너지를 가지고 있는지 깨닫지 못하고 스스로의 진정한 가치를 제대로 보지 못한다.

할 수 있다 (   )   할 수 없다 (   )

50. 슬픔·고독·좌절·고통·실패라는 것은 화려한 행복과 성공이란 마지막 종착역 바로 앞에 존재하고 있는 잠깐 정차하는 작은 역이다.

할 수 있다 (   )   할 수 없다 (   )

51. 뜨거운 열정과 인생의 구체적인 목표가 화려한 성공과 진정한 행복, 이 두 가지에 완전히 집중되어 있다면 분명히 모든 어려운 난관을 극복하고, 두터운 강철 쇠벽을 충분히 뚫고 나아갈 수 있다.

할 수 있다 (   )   할 수 없다 (   )

52. 이 우주를 바라보는 행복하고 창조적인 시각은 인생과 환경을 능동적으로 개선해 나아갈 수 있는 강력한 성공의 동기이다.

할 수 있다 (   )   할 수 없다 (   )

53. 강한 성공과 행복의 에너지를 가진 사람은 세상의 모든 강철 쇠벽을 완전히 뚫고 나아갈 수 있는 강력한 드릴과도 같은 힘을 가지고 있다.

할 수 있다 (   )　　　　할 수 없다 (   )

54. 마음은 세상을 비추는 맑은 거울이다. 어떤 생각과 각오로 세상을 살아가며 어떤 직업을 선택하느냐는 바로 마음에 달려있다.

할 수 있다 (   )　　　　할 수 없다 (   )

55. 말이란 그 자체가 살아있는 강한 생명체이다. 어떤 희망적인 말과 긍정적인 말을 하느냐는 인생의 성공과 행복, 생명력을 결정한다.

할 수 있다 (   )　　　　할 수 없다 (   )

56. 질식할 듯한 갑갑한 환경 속에서 살아가고 있는 현대인은 스스로의 모든 권리와 새로운 변화를 나약하게 포기하기 쉽다. 다시 정글로 돌아갈 용기가 분명히 있는가?

할 수 있다 (   )　　　　할 수 없다 (   )

57. 세상의 아무리 높은 벽도 아무리 높은 산도 창조적이고 우뇌적인 시각으로 보면 너무나도 낮은 것이다.

할 수 있다 (   )　　　　할 수 없다 (   )

58. 만약 식어가는 태양처럼 살고 있다면 그 열정 없는 삶 속에서 아무것도, 어떤 생명력도 살아남을 수 없다.

할 수 있다 (   )　　　　할 수 없다 (   )

59. 마음속의 하늘은 회색빛인가? 아니면 장밋빛 아름다운 하늘인가? 스스로의 의지로 새롭게 칠을 해야 하는 것이다.

할 수 있다 (   )　　　　할 수 없다 (   )

60. 마음에 비수처럼 박힐 수 있는 뜨거운 열정의 구체적인 맹세문을 가지고 있는가?

할 수 있다 (   )　　　　할 수 없다 (   )

61. 아직 명확한 성공을 이루지 못한 것은 긴 겨울날 동면 시기이기 때문이다. 곧 봄이 오고 인생의 꽃은 화려하게 만발을 하게 될 것이다.
할 수 있다 (   )   할 수 없다 (   )

62. 구름처럼 바람처럼 수많은 직업군들을 짧게 그리고 변화무쌍하게 경험할 수 있으며, 그 과정을 누구보다도 즐기면서 힘차게 보낼 수 있다.
할 수 있다 (   )   할 수 없다 (   )

63. 쓸데없는 미움과 증오를 버리고 서로의 충돌을 요령껏 잘 피해가면서, 가볍게 창의적인 처세술로 수많은 좋은 사람들과의 관계를 만들어 더 폭넓게 나아갈 수 있다.
할 수 있다 (   )   할 수 없다 (   )

64. 낯선 상가와 빌딩, 마을, 들판 등을 홀로 헤매는 것은 바로 가장 좋아하는 꼭 실천하고 밀어붙여야 하는 마케팅의 기본 필수 실천사항이다.
할 수 있다 (   )   할 수 없다 (   )

65. 성공의 비결 중의 하나는 과감한 망각이다. 쓸데없는 기억의 쓰레기들은 모조리 과감하게 쓰레기통에 버려야 한다.
할 수 있다 (   )   할 수 없다 (   )

66. 세상의 흐름과 진정한 모습은 바로 당신의 놀라운 창조적이고, 우뇌적인 감각으로 충분히 파악할 수 있다(마치 바람의 방향을 느낌으로 아는 것처럼).
할 수 있다 (   )   할 수 없다 (   )

67. 수많은 장애인들이 이 시간에도 아름답고 건강한 삶을 위해서 부족한 환경과 열악한 조건에 대항해서 열심히 투쟁을 하고 있다. 인생을 좀먹고 있는 진정한 마음의 장애에 맞설 수 있다.
할 수 있다 (   )   할 수 없다 (   )

68. 진정한 마음으로 간절하게 드리는 열정의 기도는 영혼을 적셔주는 신과의 사랑스러운 입맞춤이다.
할 수 있다 (   )   할 수 없다 (   )

69. 낙엽이 눈처럼 내리는 가을에, 눈이 비처럼 내리는 겨울에, 비가 햇살처럼 쏟아지는 여름에, 언제나 희망찬 봄을 느낄 수 있다면 진정한 성공자이다.
할 수 있다 (   )   할 수 없다 (   )

70. 어린 시절 연을 날리던 꿈, 우주선을 타고 먼 우주를 여행하는 꿈, 대통령이 되겠다던 꿈, 마음속에 아름답고 황당한 꿈이 있다면 현실 속의 모든 장애를 쉽게 극복할 수 있다.
할 수 있다 (   )   할 수 없다 (   )

71. 운명의 바다를 과감하게 건너갈 수 있는 커다란 야망과 꿈의 배를 오늘 만들어라!
할 수 있다 (   )   할 수 없다 (   )

72. 추운 겨울이 오면 따뜻한 봄을 그리워하게 되고 더운 여름이 되면 시원한 가을을 그리워하게 된다. 추위와 더위, 고난과 시련은 인생 성공의 가장 강력한 동기이다.
할 수 있다 (   )   할 수 없다 (   )

73. 정확한 계획부터 세운 다음에 어느 정도로 높이 비행시킬 것인지, 어느 곳으로 날아갈 것인지, 원대한 꿈의 비행선을 이륙시켜라.
할 수 있다 (   )   할 수 없다 (   )

74. 평화는 전쟁 이후에 오는 것이다. 화려한 부의 전쟁을 준비하는 당신의 마음은 오직 도전과 열정으로 가득 차 있어야 한다.
할 수 있다 (   )   할 수 없다 (   )

75. 당신은 당신 인생의 왕이다. 수많은 신하들의 의견을 듣고 최종 결정을 내려야 하는 왕의 냉철한 결단은 중요하다.
할 수 있다 (   ) 　　　할 수 없다 (   )

76. 고막이 아프게 울릴 정도로 성공과 번영을 갈망하는 강력한 맹세문을 매일 읽을 수 있다.
할 수 있다 (   ) 　　　할 수 없다 (   )

77. 하루의 전쟁은 아침에 시작되며, 인생의 화려한 성공은 바로 오늘 시작된다.
할 수 있다 (   ) 　　　할 수 없다 (   )

※ '할 수 있다'가 50% 이상일 경우 당신은 충분히 변화할 수 있고 화려한 성공을 이룰 수 있다.

왜 당신의 삶을 바꾸지 않는가?
Why Not Change Your Life?

1. 안전제일주의는 아무 것도 이룰 수 없다
2. 위대하고 영예로운 길로 나서는 것이 진정한 행복이다

01 안전제일주의는 아무 것도 이룰 수 없다

ONE STEP **열정과 용기를 잃은 인생은 재산과 건강을 다 잃는다**

자신이 애써 모은 재산을 잃게 되면 인생은 힘들어진다. 또한 건강을 잃는다면 거의 모든 것을 다 잃게 된다. 그러나 열정과 용기마저 잃는다면 그것은 최악의 마지막이 될 것이다. 왜냐하면 작은 열정과 용기라도 있어야 재산과 건강을 다시 회복할 수 있다는 희망을 다시 품을 수 있기 때문이다.

보편적인 삶을 살아온 대다수의 사람들은 인생의 어느 시점이 되어서 갑자기 열정과 용기를 모두 잃고 재산과 건강마저도 모두 다 잃어버리는 경우를 많이 볼 수 있다. 그 원인 중에 가장 큰 부분이 바로 스스로가 주인이 된 삶을 살아오지 않았기 때문이다. 정년퇴직을 한 분들 중에서 갑자기 급격하게 늙는 분들이 많이 있다. 퇴직 이후 1년 만에 머리가 다 흰머리로 바뀌는 분도 본적이 있다. 자신의 모든 가능성을 포기했을 때 심리적으로 급격한 고통과 몸과 마음의 쇠퇴와 몰락이 한꺼번에 빠른 속도로 다가온다. 급격히 늙어버린 얼굴에서 느낄 수 있는 것은 스스로 인정해버린 마지막 인생의 초라한 모습이다.

나이를 떠나서 자신의 얼굴은 자신이 창조적으로 새롭게 만들어 나가는 것이다. 나이를 먹는다고 해서 무조건 늙는 것이 아니다. 꿈과 이상, 목표, 그리고 열정과 용기를 과감하게 투자할 수 있는 의욕적인 일을 모두 완전히 잃었을 때 진정으로 노화가 시작된다. 젊은 직장인들 중에도 이러한 열정과 용기를 완전히 다 잃고 죽어가는 비참한 삶을 살고 있는 사람들이 생각 외로 많이 있다.

몇 번의 작은 시도로 반복해서 실패를 경험하자 스스로 모든 가능성을 포기하고 나약한 마음으로 원망·불평·비판·의기소침·의욕상실에 빠져 있는 사람들이 많이 있다. 모든 것을 포기하고 의욕을 잃은 마지막 인생을 살아가고 있는 이 땅의 수많은 젊은이들에게 강력한 꿈과 희망과 열정의 메시지를 전달하고 싶다.

"화려한 성공과 비참한 자살은 종이 한 장 차이이다!"

화려한 성공과 비참한 자살, 양쪽 다 원하는 방향을 간절하게 스스로 반복해서 암시를 강하게 걸었을 때 비로소 이르게 되는 것이다. 둘 다 쉽지 않는 목표이다. 화려한 성공을 이룬 사람들 중에서 비참한 상황 속에서 자살을 생각해보지 않은 사람은 아마 거의 없을 것이다. 극과 극은 서로 통한다고 했다. 풀려나가지 않는 지금의 상황이 바로 화려한 미래로 통하는 블랙홀이고 또한 화이트홀이다.

세상의 화려한 성공을 이룩한 사람이라면 어느 누구나 심각한 과오를 저질러가면서 처절한 실패 속에서 여러 가지 실전 노하우를 단계적으로 터득해 나아가는 법이다. 실패와 절망이 많을수록 그 사람의 인생은 더욱더 강해지고, 화려해지고, 풍성해진다. 그만큼 다양하고 풍성한 경험을 많이 해보았기 때문이다. 나도 여러 번의 완전한 사업 실패를 경험하고 고통 속에서 다시 일어설 수 있었던 소중한 경험을 많이 가지고 있다. 그래서 많은 사람들에게 자신 있게 이렇게 말하고 싶다.

"화려한 성공을 간절히 원한다면 최소한 20번 이상의 비참한 실패를 경험하고 처절한 도전과 시도를 반복해서 하라!"

한 분야에 20번 이상 처절한 도전과 시도를 하지 않은 사람이 그 분야의 성공과 실패를 논할 기본적인 자격이 없다고 확신한다. 한 분야를 20번 이상 도전해서 성공하지 못한 사람을 거의 본 적이 없다. 그래서 한 분야에 스스로의 힘으로 크게 성공한 사람들을 보면 저절로 존경심이 생기고 옷깃을 여미게 된다. 한 번도 처절한 실패를 경험해보지 못한 사람, 한 번도 과감한 액션이나 도전을 해보지 못한 사람, 단 한 번도 큰 잘못을 저질러 보지 못한 사람이 지도자·리더·CEO가 되는 일은 절대로 없어야 한다. 왜냐하면 그런 사람들의 대부분이 안전제일주의로 살아온 나약하고, 무능한 사람들이기 때문이다. 이러한 안전제일주의의 무능한 사람들의 공통점이 어느 날 갑자기 늙는다는 것이다.

변함없는 젊음의 에너지를 가지고 열정과 용기로 항상 언제나 도전하며 세상과 싸워서 이겨온 희망찬 얼굴을 가진 사람이 우리의 지도자·리더·CEO가 되어야 한다. 그래서 재산과 건강보다도 훨씬 더 앞서서 우리가 중요시해야 할 덕목이 바로 용기와 열정이다. 용기와 열정이 없어지면 재산과 건강도 하루아침에 모두 사라진다. 나약한 안전제일주의로는 망망대해를 절대로 과감하게 항해할 수 없다. 항해를 시작하지 않은 자에게 신대륙은 결코 발견되지 않을 것이며, 그 인생에 화려한 기회와 기적은 절대로 없다.

풍요로운 부와 행복, 거대한 자산을 이루기 위해서는 과감한 투자와 재테크를 생활화·습관화해야 한다. 강인한 몸을 만들기 위해서는 열정적으로 운동과 다양한 스포츠를 즐기는 것을 생활화·습관화해야 한다. 세계 최강의 용기와 열정을 가지기 위해서는 삶의 기본 패턴을 완전히 바꾸기 위한 노력을 생활화·습관화해야 한다.

세계 최강의 용기와 열정을 갖추기 위해서는 다음과 같은 스파르타식 트레이닝을 스스로 강력하게 해야 한다.
① 끊임없이 변화하는 패턴의 삶을 살아야 한다.
② 아침저녁으로 열심히 기도해야 한다.
③ 많은 사람들과의 만남을 즐겨야 한다.
④ 다양한 스포츠와 무술을 즐겨야 한다.
⑤ 몸에 좋은 음식, 보약을 즐겨야 한다.
⑥ 용기와 열정을 자극하는 책을 읽어야 한다.
⑦ 감동의 목표를 향해 가는 역동적인 멘토를 만나야 한다.

스스로의 인생을 스스로 과감하게 바꿀 수 있는 스파르타식 트레이닝을 한번 시작해 보자. 위의 7가지 실천사항을 오늘 당장 시작해보는 것이다. 무조건 지금 당장 과감하게 시작하기를 진심으로 바란다.
Now Here!
당신의 인생은 이제 화려하게 변화되기 시작한다.
파이팅!

TWO STEP 나는 내 인생을 죽는 날까지 철저하게 사용할 것이다

　꽃이나 나무에 가위질을 하는 것은 그 꽃이나 나무를 사랑하기 때문이다. 머리를 깎고 손질하는 것도 더 편하고 아름다워지기 위해서이다. 사랑의 매를 맞지 않고 성장한 아이 중에 현명한 아이는 하나도 없다. 매서운 겨울의 추위가 봄의 푸른 새싹을 더욱 푸르게 만든다. 인생도 역경을 견디고 이겨나가면서 비로소 진정한 의미를 찾게 된다. 솔직히 나는 고민할 시간이 없다. 너무 바쁘고 할 일이 많아서 고민할 틈이 아예 없기 때문이다. 하루 종일 운동하고 원고를 쓰고 투자 물건을 현장 답사하고, 강의하고, 춤을 배우고 여러 가지 비즈니스에 도전하고, 새로운 무엇인가를 시도하기 때문에 정신없이 바쁘다.

　고민이란 스스로가 만들어서 끊임없이 파고드는 가장 나쁘고, 나약한 심리상태이다. 실패와 불행을 강하게 이겨나갈 수 있는 나약한 마음의 병을 고칠 수 있는 명약은 오직 열정과 희망밖에 없다는 말처럼 우리의 인생을 좀 더 역동적으로 강력하게 이끌어갈 필요성이 분명히 있다. 살면서 다가오는 시행착오·실패·좌절·고통·고독들이 언제까지나 계속되는 법은 절대로 없다. 왜냐하면 자각 증상이 자동으로 모든 부정적인 것들을 내쫓거나 물리쳐버릴 수 있기 때문이다. 모든 것은 시간이 다 해결해준다.

　내가 여러 가지 사업에 완전히 실패를 하고 그동안 번 돈을 깡그리 다 날렸을 때 허망한 고통도 잠깐이고 다시 희망 속으로 힘차게 움직일 수 있었던 것은 사춘기 때 더 큰 고통에 시달려 봤기 때문이고, 모든 것은 시간이 지나면 다시 호전된다는 낙천적인 믿음이 있었기 때문이다. 아버지의 사업 실패로 이미 10대 때 엄청난 집안의 몰락과 고통 속에서 허우적대면서 방황을 해본 경험 때문에 사업의 반복된 실패에도 다시 오뚝이처럼 일어설 수 있었다. 실패의 반복 속에서 오히려 성공의 희망을 느낄 수 있었던 이유도 바로 젊음이 있었고, 살아있고, 인생을 죽는 날까지 마음껏 즐기겠다는 굳은 결심이 있었기 때문이다.

사춘기 때는 사실 자살도 여러 번 생각을 해보았다. 15층 아파트에서 뛰어내리려고 하니 너무 아프겠다는 생각이 들어서 포기한 적도 있었다. 30대에 들어서면서 여러 비즈니스에서 성공을 이루게 되자 곰곰이 생각을 해보니 의식적으로든 무의식적으로든 고난과 시련 속에서 모든 것을 낙천적으로 긍정적으로 생각했던 것이 성공을 끌어오는 원인이었다는 느낌을 강하게 받았다. 그리고 놀라운 사실은 사춘기 때 써놓은 다이어리에 39세에 자서전을 쓰겠다고 메모를 해놓은 것을 발견한 것이다. 그 당시에 벌써 내가 세계적인 베스트셀러 작가가 되어서 유명해지고 내 책이 영화로도 만들어져서 세계적인 흥행을 하는 상상을 하곤 했다. 39세가 되자 그 상상이 비슷한 현실로 다가왔다.

최근에 베스트셀러 책 중에서 꿈을 이루는 공식을 읽고 상당히 공감을 했다.

"선명한 꿈을 꾸면 그것이 바로 현실이 된다. 그리고 반드시 이루어진다."

중요한 것은 내가 알고 있는 화려한 성공을 이룬 사람들이 이 공식을 잘 모르지만 본능적으로 이 방법을 사용해왔다는 사실이다. 사실 세상을 움직이는 모든 진리는 바로 마음속에 모두 있다고 확신한다.

잠자기 전과 아침에 일어났을 때 알파파를 이용한 놀라운 상상력으로 과거를 찬찬히 되돌아보고 나름대로의 현실 게임의 성공 법칙을 한번 점검해보기 바란다. 과연 자신이 이 현실 게임의 진정한 룰을 지키면서 게임의 승리를 위해서 잘 살아온 것인가? 아마 나름대로의 어떠한 일정한 느낌을 받을 수 있을 것이다. 그리고 즐겁고 행복한 상상력으로 화려한 미래를 창조해 나아가는 일에 적극적으로 도전을 하기 바란다. 항상 언제나 습관적으로 추구하는 창조적인 시도는 인생을 언젠가는 완전히 바꾸어줄 수 있다.

과거에 일어났던 많은 일들 중에서 가장 특별한 일들을 뚜렷하게 떠올려보기 바란다. 그 당시에는 지극히 중대한 결과를 초래한다고 심각하게 생각하고 전전긍긍했으나 시간이 지나자 너무나도 사소한 일로 드러난 수많은 일들을 차근차근 찾아보기 바란다. 그리고 10년 후 자신의 모습을 상상해보기 바란다.

지금의 자신의 모습을 회상하고 있을 10년 후의 심리상태를 느껴보기 바란다. 10년 후의 자신을 위해서 세상과 전쟁을 벌이고 있는 지금 현재 자신의 열정과 용기가 10년 후의 자신에게 후회나 아쉬움이 남지 않겠는지 한번 더 뚜렷하게 상상을 해보기 바란다.

대개 심각하게 느끼는 오늘의 위기는 인생의 긴 마라톤 여정 중에서 잠깐 쉬어가는 작은 휴게소에 불과하다. 그 어떤 심각한 상황 속에서도 모든 해결 방법과 열쇠는 시간과 내 손 안에 있다는 생각을 절대로 잊어버려서는 안 된다. 인생에서 가장 통쾌하고 즐거운 일은 바로 최악의 위기에서 그 위기를 창조적 기회로 전환하고 고도의 상상력과 의지력으로 화려한 최상의 미래를 구체적으로 만들어 나아가는 것이다.

　세상의 모든 일이 무조건 다 가능하다는 관점 아래에서 인생을 긍정적으로 또 인생의 화려한 승리를 확신하면서 힘차게 역동적으로 능동적으로 살아가기를 진심으로 바란다. 인간의 자율신경계는 실제의 성공과 상상 속의 성공을 구분하지 못한다고 하지 않았는가? 과거의 경험에서 영감을 얻고 미래를 꾸준하게 구체적으로 다이어리에 써가면서 사진과 그림을 활용해가면서 많은 성공학 관련 책을 후원자로 삼아서 자신만의 짜릿한 인생을 창조적으로 제작해보자. 시중에 나와 있는 성공학 관련 베스트셀러 책의 공통점은 바로 키포인트가 스스로 모든 성공의 감각과 법칙을 강하게 깨닫고 자각하라는 것이다.

　분명히 세상의 중심은 바로 나다. 인생을 죽는 날까지 철저하게 즐겁게 사용하기 위해서 다양한 준비를 하고 있다.
① 언제 죽어도 후회가 없도록 오늘 하루를 최선을 다해서 미친 듯이 열심히 살 것이다.
② 늙어 죽을 때까지 즐겁게 할 수 있는 나 자신의 다양한 비즈니스를 지금부터 철저하게 준비할 것이다.
③ 몸과 마음속에 행복한 축복이 가득할 수 있도록 최선을 다해서 세상을 향해 베풀 것이다.
④ 아무리 베풀어도 마르지 않는 경제력을 확보하기 위해서 가장 재미있는 투자와 재테크를 취미로 할 것이다.
⑤ 버림받은 어린이와 노인들을 돌보는 복지 재단을 설립해서 누구보다도 더 보람과 만족을 느끼는 행복한 삶을 살아갈 것이다.
⑥ 많은 사람들에게 감동을 줄 수 있는 세계 최강의 명강의를 무료

로 계속 할 것이고, 감동의 베스트셀러 책을 계속 출판할 것이다.
⑦ 세계 최고의 다국적 기업의 CEO로 성장해서 UN, 다국적 정치인, 자선사업 등으로 많은 사람들의 관심과 사랑과 감동을 반드시 받을 것이다.

자, 이제 여러분들의 미래 준비는 과연 구체적으로 무엇인가?
위의 7가지를 응용을 해서 스스로의 철저한 미래 준비 다이어리를 지금 당장 구체적으로 차근차근 작성을 해보기를 바란다.

"나는 죽을 때까지 철저하게 나 자신을 모두 사용하겠다. 내가 열심히 일하면 일할수록 나는 더 오래 살 것이기 때문이다."

― 조지 버나드쇼

02. 위대하고 영예로운 길로 나서는 것이 진정한 행복이다

 **ONE STEP** 진정 슬기로운 사람은 나이를 먹지 않는다

나이를 먹지 않는 슬기

아흔 살에 젊게 사는 것은 마음이 노화된 마흔 다섯 살 보다,
더욱 활기차고 희망찬 일이다.
슬기로운 사람들은 젊어지기를 원하지 않는다.
그것은 그들의 영혼이 어린아이들처럼 맑고,
결코 나이를 먹지 않기 때문이다.

항상 만족하나 그렇지 못할 때가 있어도,
항상 평안하나 그렇지 못할 때가 있어도,
늘 사려 깊게 행동을 하며, 새로운 생각을 받아들이는 것이다.

많은 것을 바라지 않고 가진 것에 자족하지만,
현재의 위치에 절대로 그냥 머무르지 않는다.
삶의 역경 속에서도 의연하게 극복하는 법을
슬기로운 사람들은 잘 알고 있다.

결코 과거에 연연하지 않고 항상 기대와 희망 속에서 살며,
생활 속에 활기와 풍성한 마음을 지니고 있다.
현실 가운데서 가장 좋은 것을 누릴 줄 알고,
화려한 미래를 위하여 누구보다도 먼저 가장 좋은 것을 발견하는
것이다.

진정 슬기로운 사람은 나이를 먹지 않고,
온 세상을 행복하게 만드는 인류의 값진 보배이다.

— 처칠

나이란 스스로 인정할 때 확인할 수 있는 작은 숫자에 불과하다.
"나는 나이가 너무 들어서 이제 가망이 없어 ……"
"내가 이 나이에 무엇을 하겠어?"
"뭔가 시작해 보고 싶지만 나이가 너무 들어서 ……"
"내가 지금 나이가 몇 살인데 …… 그런 일을 하겠어?"
"사람은 자기 나이를 잘 인식해야 해 …… 과욕은 금물이야 ……"
"내가 그런 일을 하면 젊은 애들이 얼마나 우습게 알겠니? ……"
흔히 주변에서 자주 들을 수 있는 통상적인 이야기들이다. 대다수의 사람들이 나이에 관해서 너무나도 고정관념을 많이 가지고 있다.

내 주변에는 나이 칠순이 넘어서도 활동적으로 여러 가지 사업과 다양한 비즈니스를 하는 사람들이 실제로 많이 있다. 내가 진심으로 존경하는 그들은 평소에 위의 예시한 나약한 말들을 절대로 하지 않으며, 아예 생각조차 하지 않으시는 사람들이다. 오히려 이런 말씀들을 많이 한다.

"나 아직 너무 젊어서 문제야 ……"

"내가 아직 충분히 활동할 나이지 ……"

"일을 할 수 있다는 것이 건강의 비결이 아니겠어?"

"나는 손자들, 손녀들에게 생활비 지원해주고 용돈 주는 것이 바로 낙이야 ……"

"어제도 젊은 직원들하고 운동장에서 걷기 운동을 하는데 나를 못 따라 오더라고 ……"

"내가 아직 마음은 20대라고, 외모는 좀 늙어 보이겠지만 ……"

과연 스스로의 나이를 정확하게 인식하는 것이 인생에서 얼마나 많은 한계선을 만들어 내고 있는가? 스스로 한번 점검을 철저하게 해보기 바란다. 이 책을 읽고 있는 이 시점에서 현재 분명히 살아있고, 죽는 그 날까지 어떻게 해서든지 이 시간과 공간을 이용해서 최대한 재미있게 보람 있게 살아가야 한다.

나의 남은 인생을 세상의 그 어느 누구보다도 더 현명하게 알차게 살아가기 위해서는, 첫 번째 철칙이 바로 남의 이목을 지나치게 너무 생각하지 않는다는 것, 그리고 진정 슬기로운 사람은 스스로의 나이에 절대로 얽매이지 않는다는 것과 아예 처음부터 그러한 소극적인 생각을 아예 꺼내지도, 하지도 않는다는 것이다.

많은 사교 모임과 CEO 그룹 미팅 세미나, 다양한 종류의 사람들과의 만남을 경험했지만 자신의 나이를 완전히 극복하고 항상 언제나 젊은이들과 어울릴 수 있는 사람이 세상에서 가장 멋있어 보인다.

많은 나이를 스스로의 열정과 의지로 극복하고, 뒤늦게 인생의 황혼기에 화려한 성공을 이룩한 사람들이 실제로 이 세상에는 많이 존재한다. 그 수많은 위대한 사람들 중에서 내가 가장 존경하는 한 사람을 소개하려 한다.

일생을 통틀어서 모든 사업에서 파산한 무일푼 완전한 알거지에서 세계 약 80여 개국, 1만 3300점이 넘는 매장을 구축하며 유례없는 성공을 이룩한 KFC의 창업자로, 남들이 완전히 새로운 도전을 포기하는 나이인 65세의 늦은 나이에 시작된 전설적인 창업 성공의 스토리! 청결을 상징하는 흰색 양복과 나비넥타이, 지팡이 차림으로 항상 언제나 KFC 매장 앞에 서있는 '커넬 할랜드 샌더스'에 대한 감동적인 얘기를 지금부터 시작해보겠다.

무일푼에서 KFC 창업자로 기적 같은 일을 해낸 커넬도 한때는 자살을 생각했던 인생의 패배자였다. 1950년 미국의 어느 한 정신병원, 평범하게 생긴 한 노인이 늦은 밤에 스스로 목숨을 끊으려고 굳은 결심을 하고, 아무도 몰래 병원의 문을 살금살금 나서면서 이 전설적이고 기적적인 이야기는 시작이 된다.

그의 어린 시절은 불우했다. 어린 시절뿐만 아니라 그의 인생 전체가 KFC의 화려한 성공 전까지는 모두가 다 불우했다고 얘기할 수도 있을 정도로 처절한 실패와 고난, 무시, 고통이 유난히도 남달리 많았다.

그는 1890년 9월 9일 미국의 인디애나주 남부에 있는 헬리빌이라는 작은 마을에서 2남 1녀 중 장남으로 태어났다. 그가 겨우 6살이 되던 해, 아버지의 갑작스런 죽음으로 그의 가족들은 경제적으로 무척 어려운 삶을 살아가게 된다.

생계를 꾸려나가야 했던 그의 어머니는 자신이 일하러 나가있는 시간 동안, 두 어린 동생들을 돌봐야 했던 7살의 할랜드에게 다양한 음식을 맛있게 만드는 법을 자세히 가르쳤다. 어머니가 완전히 모든 생계를 책임져야 했기 때문에 장남이었던 커넬 샌더스는 어린 두 동생의 아침부터 저녁까지의 모든 생활을 다 돌보아야 했고, 식사를 끼니때마다 직접 만들어서 챙겨주어야만 했다. 그의 나이 겨우 7살이 되었을 때에는 이미 어지간한 요리는 모두 다 할 수 있는 놀라운 능력을 갖추게 되었다고 한다.

7살이 되던 해, 어느 날 어머니가 근무하던 공장에서 철야 작업에 들어가게 되어서, 집에 돌아오지 못하는 날이 있었다. 커넬 샌더스는 배고파하는 불쌍한 동생들에게 호밀빵을 정성껏 만들어 주었다. 그런데 자신의 손으로 처음 만든 이 호밀빵이 깜짝 놀랄 정도로 진짜로 맛있는 게 아니겠는가?

어린 마음에 어머니에게 자신이 직접 만든 호밀빵에 대한 칭찬과 그 맛의 평가를 받고 싶어서 견딜 수가 없었다. 서둘러 맛있는 호밀빵을 다시 정성껏 만들어서 어머니가 일하고 계신 공장으로 헉헉거리며 달려갔다. 자신이 기대했던 대로 어머니께서는 물론 같은 공장에서 일하고 있는 동료들까지도 7살 어린아이의 솜씨라고는 도저히 믿어지지 않는다며 모두들 그 호밀빵의 맛에 감탄했다. 그 이후 커넬 샌더스는 많은 사람들을 대접하는 음식을 만드는 진정한 즐거움을 자연스럽게 스스로 깨닫고, 깊이 그 기쁨을 알게 되었다고 한다.

어머니는 자녀들을 위해 열심히 일했지만, 혼자만의 힘으로 가족의 생계를 꾸려가기는 역부족이었다. 커넬 샌더스도 일찍부터 어머니를 많이 도와야만 했다. 그래서 그는 아직 어린 나이인 10살 때부터 가까운 농장에 취직하여 힘든 노동일을 시작해야만 했다. 한 달에 4달러를 벌기 위하여 하루에 14시간씩 새벽 4시부터 밤늦게까지 옥수수빵과 치즈로 허기를 채우며 힘들게 일을 했다고 한다. 그의 어머니는 하나님을 믿는 경건한 사람이었지만 그의 나이가 12살이 되자, 재혼을 하게 되어 어느 날 갑자기 가정을 떠나가 버렸다. 그래서 그는 어쩔 수 없이 초등학교를 중퇴하여야만 하는 남다른 불행을 또한 겪어야 했다.

어린 시절은 불행하였지만 강직한 성격의 할랜드는 청년이 되어 꿋꿋이 그의 삶을 창조적으로 능동적으로 힘차게 개척을 해 나아갔다. 강인한 직업 군인으로 쿠바에도 파견되었다. 제대 후에는 철도노동자로서 철도 회사에 취직을 하기도 했으나, 너무 강직한 성격 때문에 세 군데의 철도회사에서 모두 해고되었다.

이후에는 역시 부패한 재판 관행에 맞서다가 변호사의 꿈이 완전히 좌절되었다. 이후 보험설계사로서 보험 영업에도 과감하게 뛰어들었고, 패리보트를 경영하기도 했으며, 타이어 영업에도 나섰다. 그러나 그의 강직한 성격 때문에 혹은 회사의 경영상 이유로 그냥 해고되는 등 여전히 정착하지 못하고 뿌리를 내리지 못하는 불행한 젊은 시절의 쓸쓸하고 비참한 생활은 계속되었다. 하나같이 모두가 다 힘들고, 잘 풀리지 않고, 고된 일들이었지만 그만의 강직하고 철저한 시련 극복 마인드로 열심히 살아갔다.

그러던 중 29세 되던 해인 1920년 그에게 첫 번째 성공의 기회가 드디어 찾아왔다. 타이어 영업으로 친분을 맺었던 석유 대리점 지배인으로부터 켄터키 주의 니콜라스 빌에서 주유소를 한번 경영해보지 않겠느냐는 제의를 받은 것이다. 당시는 포드 자동차가 양산되면서 주유소는 전망이 밝은 좋은 최첨단 사업이었다. 게다가 그의 강직한 성격이 고객을 위한 철저한 서비스 정신으로 꽃피우면서 그의 주유소는 날로 인기가 높아갔다.

차가 주유소에 들어오면 커넬은 우선 유리창부터 닦고 난 다음에야 '기름을 넣어 드릴까요?'라고 물었다. 길을 묻는 차량에 대해서도 유리창 청소는 기본이었다. 그의 주유소는 놀라운 서비스 정신으로 날로 번창해 갔다. 그리고 그 무렵 그는 아름다운 아내와 사랑스러운 자녀도 얻게 되었다. 하지만 불행히도 그의 성공과 행복은 그리 오래가지 않았다.

1929년 미국에 대공황이 찾아왔고, 주유소 영업은 큰 타격을 받기 시작했다. 더욱이 그는 주변 농가에서 기름을 빌리러 오는 사람들을 외면하지도 못해 외상으로 자주 나눠주곤 했다. 결국 40세의 커넬은 사업에 완전히 실패하고 다시 무일푼 거지의 생활이 시작되었다.

세계적인 대공황과 함께 그의 나이 40세에 그는 모든 꿈과 희망적인 계획을 접고, 다시 완전히 비참한 무일푼 알거지가 되어버린 것이었다. 또 한 번의 반복되는 인생의 실패에도 그는 절대로 나약한 마음을 먹거나 고민하지도 않았고, 절대로 좌절하지도 않았다.

그에게 기회는 다시 찾아왔다. 1930년에는 켄터키주 남서부 '코빈'이라는 마을에서 새로운 주유소를 시작하게 된다. 그의 철저한 서비스 마인드 경영에 대한 소문을 들은 쉘오일에서 주유소 경영을 새롭게 부탁을 한 것이었다. 덕택에 초기 자본 없이 경영에 쉽게 뛰어들 수 있었다. 더욱이 커넬의 새 주유소는 켄터키주의 가장 교통량이 많다고 할 수 있는 주요 도로인 국도 25호의 가장 좋은 자리에 위치하고 있었다.

새로운 주유소는 미국의 경기 불황에도 불구하고 좋은 성과를 거두었다. 그러던 어느 날, 그는 거의 대부분의 여행자들이 허기진 상태에서 주유소를 찾는다는 사실에 주목을 하고 그들을 유심히 관찰하게 되었다. 자동차에 기름이 필요하듯이 손님들에게는 허기를 채워줄 만한 맛있는 식사가 필요하다고 불현듯 생각하게 된 것이었다. 이에 그는 주유소 한 귀퉁이의 작은 공간을 이용해 테이블 하나와 여섯 개의 의자를 마련하고 어릴 적에 어머니에게 배운 특별한 조리법들로 직접 요리하여 만드는 맛있는 식사를 주유소를 찾는 손님들에게 특별 서비스로 제공하기 시작했다. 이렇게 해서 커넬 샌더스의 '샌더스 카페'가 첫 선을 보이게 된 것이었다.

주유소 한 귀퉁이에 보잘 것 없는 초라하고 작은 공간에서 배고픈 여행자들에게 최고로 맛있는 최상급의 특별한 식사를 그의 기술과 아이디어로 제공하기 시작한 것이었다.

테이블 하나에 의자 여섯 개로 시작한 이 작은 카페는 그 특별한 맛과 서비스, 청결함으로 사람들의 입소문을 타고 바로 금방 크게 화려한 성공을 하게 된다.

전혀 지저분한 주유소라고는 생각할 수 없을 정도로 청결한 식당과 정성껏 만든 맛있는 요리를 먹을 수 있는 '샌더스 카페'는 곧 여행자들 사이에 유명한 화제 거리가 되어버렸다. 식당이 점점 더 유명해지자 주유소를 옮겨 좀 더 큰 식당을 차렸다. 여행자들 사이에선 '샌더스 카페에 들러야 제대로 된 맛있는 여행이라고 할 수 있다'라는 말이 유행할 정도로 유명해져버렸다.

그리고 1935년 45세 때에는 켄터키 주지사로부터 커넬colonel이라는 명예대령 칭호도 받게 되어 이후로 '커넬 샌더스'로 불리어지며 마을의 유명인사가 되는 것도 바로 이때의 일이다. 이는 귀족주의인 영국에서 나라에 위대한 공을 세운 사람에게 백작이나 공작의 칭호를 내리는 것과 비슷한 제도라고 한다.

얼마 후 커넬은 예상 외로 바빠진 레스토랑 일에 전념하기 위해 주유소 사업을 완전히 포기하게 된다. 그리고 곧이어 '여행자들이 안심하고 편안히 쉴 수 있는 공간'을 만들 결심을 하고 레스토랑 옆에 아름다운 모텔을 새롭게 짓게 된다. 그가 세운 그 모텔 역시 시대를 훨씬 앞서가는 최첨단 서비스와 청결함으로 유명해져서 바로 화려한 번창 일로를 걷게 된다.

'샌더스 카페'는 기대 이상으로 크게 성공을 했다. 그러나 그의 인생의 끊임없이 찾아오는 불운은 잠시의 틈도 주지 않고 다시 찾아왔다. 그는 카페를 성공적으로 운영해서 번 돈으로 아름다운 모텔을 지었다. 하지만 1939년 하루아침에 그의 레스토랑과 모텔은 화재로 모두 다 불타버리고 만다.

하지만 커넬은 좌절하지 않고 또 다시 일어나 1941년 같은 자리에 142석의 대규모 레스토랑 샌더스 카페를 세우게 된다. 이번에는 모텔은 없이 레스토랑만으로 다시 시작을 했는데 시련은 또 다시 몰려왔다. 1950년에는 샌더스 카페가 위치한 국도 25호선에 새로운 우회 도로가 만들어져 손님이 완전히 격감을 하게 된 것이었다. 여기에 더해서 설상가상으로 일 년이 채 안되어 새로운 국도 75호선의 추가로 건설한다는 계획안도 발표되었다.

거듭된 실패에도 오뚝이처럼 일어서 온 커넬이었지만 국도 75호선 계획 발표에는 정말로 실망을 하고 실제로 좌절을 했다. 결국 국도 75호선 건설 완료 이전에 샌더스 카페를 헐값에 다시 처분해야만 했다.

그는 너무나도 실망하여 완전히 은퇴할 것을 결심하기도 했다. 하지만 은퇴 이후 연금이 연 10달러도 채 안 된다는 사실에 또다시 다른 길을 모색할 수밖에 없었다.

아무리 재기하려고 수없이 오뚝이처럼 일어서보았지만 은퇴한 그에게 남은 것은 거듭된 실패로 인해 산더미처럼 커져버린 빚더미뿐이었다. 설상가상으로 그는 사랑하던 아들을 잃게 되고, 아내마저 그를 떠나버리게 되는 격심한 불행과 고통을 겪게 된다. 그의 인생에서 최악을 순간을 맞이하게 된 것이었다.

TWO STEP 습관과 태도가 신념을 부르고 신념은 인생을 바꿀 수 있다

커넬 샌더스는 그의 나이 60세에 가지고 있던 모든 것을 잃은 심한 충격과 엄습하는 좌절 그리고 처절한 절망감으로 격심한 정신적 고통을 겪게 되었고, 결국 정신병원에 입원을 하게 되고 말았다. 이 세상의 모든 것들이 원망스럽고, 너무 야속하고 미워졌다. 늘 자신의 평탄하지 못 했던 삶에 대하여 "주님께서 나를 이 땅에 살려두시는 것은 나를 사용하시거나 아니면 나를 벌주시기 위해서이다"라고 말해왔던 그는 마침내 하나님과 자기 자신까지 모두 미워하게 되었고 스스로 완전히 인생을 비관하게 되어 목숨을 끊기로 결심을 하게 된다.

밤이 오기를 기다렸던 커넬 샌더스는 늦은 밤이 되자, 아무도 몰래 살금살금 병원의 문을 나섰다. 어떻게 하면 부질없는 목숨을 과감하게 끊을 수 있을까를 다양하게 궁리하며 밤거리를 배외하던 그때, 그의 귓전에 어디선가 희미하지만 분명하게 찬송가 소리가 들려오기 시작했다. 그 소리를 따라서 자신도 모르게 작은 예배당으로 이끌려 갔더니 한 늙은 부인이 혼자 앉아서 눈물을 흘리며, 간절하게 찬송을 부르고 있었다. 이 모습을 보는 순간 자살하려던 그의 마음도 무엇인가로 가득 차오는 느낌이 들면서 갑자기 뜨거워졌다.

그리고 그 부인과 같이 간절한 마음으로 기도를 하다가 펑펑 울면서 통곡을 하기 시작했다. 한참을 미친 듯이 울며 회개를 하고, 간절한 마음으로 기도를 하고 나니 마음에 맺혀있던 것들이 풀어지며 점점 평안해짐을 느끼기 시작했다.

새로 의욕과 힘이 분명히 생겼다. 자살하려던 나약한 생각과 근심·걱정·염려·미움이 모두 사라졌다. 그날 밤 간절한 기도 중에 정신병이 완전히 다 낫는 진실로 기적적인 체험을 한 뒤, 커넬 샌더스는 무슨 일이든 다시 시작할 수 있을 것 같은 역동적인 에너지와 자신감이 생겼다. 나이도 많고, 돈도 없고, 오라는 곳도 없었으나 그는 절대로 포기를 하지 않았으며 그의 두 눈은 새로운 희망과 열정으로 불타오르고 있었다.

그가 처음으로 사회보장기금을 받았을 때, 그의 나이는 이미 65세였다. 그는 처음으로 받은 사회보장기금 100달러를 가지고 새로운 인생을 시작하기로 독하게 결심을 했다.

　65세의 늙고 볼품없는 나약하고 가련한 노인 커넬 샌더스에게 남은 것은 중고 포드 승용차와 가게를 처분하고 남은 돈 조금, 사회보장기금 그리고 그가 독자적으로 개발한 7개의 섬에서 채취한 11종류의 허브와 스파이스를 이용해서 만든 후라이드 치킨 조리법이 그가 가지고 있는 재산의 전부였다.

　며칠 동안을 심각하게 고민을 한 끝에 그는 자신만이 만들 수 있는 오리지널 레시피의 후라이드 치킨을 다른 식당에서 메뉴로 추가해 준다면 그 제조 방법을 가르쳐주고 치킨 한 조각당 몇 센트씩 로열티를 받아내는 기발하고 새로운 독창적인 아이디어를 스스로 생각을 해냈다.

　그는 자신만의 특기인 이 독특한 닭튀김 조리법을 팔아서 돈을 벌어보기로 굳은 결심을 하고, 완전히 새로운 꿈과 희망을 품고 단단히 작정을 했다. 사실상, 그것은 처음 비즈니스를 시작하는 초보적인 사람에게는 별로 현실성 있는 아이디어가 아닐 수도 있었다.

　그는 자신만이 가진 달란트인 특별한 재능, 특별한 닭튀김 비법을 온 세상에 설파하기로 굳은 결심을 하고 자신의 중고 포드 승용차에 압력솥을 싣고 전국을 다니면서 그의 조리법을 열심히 소개를 하러 다니기 시작했다.

　남들은 은퇴를 생각할 많은 나이에, 커넬 샌더스는 압력솥을 싣고 처절한 마음으로 미국 전국의 새로운 레스토랑을 찾아 나섰던 것이다. 하지만 이 색다른 비즈니스가 그렇게 쉬울 리는 없었다. 더욱이 당시는 프랜차이즈 사업에 대한 기본 개념조차 존재하지 않았던 원시적인 시대였다. 매일 좁은 차 안에서 밤을 지새우며, 홍보용으로 만든 후라이드 치킨밖에 먹을 수 없는 비참하고 힘든 나날이 계속 되었다.

그의 새로운 아이디어가 곧바로 그를 부자로 만들지 못했고 좁은 중고차 안에서 새우잠을 자가면서 전국 방방곡곡을 돌아다니며, 자신을 도와줄 사람을 간절한 마음으로 찾아다녔다. 그는 1000번을 넘게 무시당하고 거절을 당했지만 마침내 기적 같은 일이 일어났다. 어떤 사람이 "예스"를 한 것이었다. 그의 첫 번째 고객이 된 사람은 그의 옛 친구 피터 허먼이었다.

이 넓은 세상의 수많은 사람들 중에는 커넬의 방법과 비슷한 특별한 닭튀김 조리법을 가지고 있는 사람이 얼마든지 많이 있을 수 있다. 또한 그중에는 코널 샌더슨과 같은 흰옷 정장을 즐겨 입는 땅딸막한 노인 정도의 신체적인 힘과 카리스마를 가지고 있는 사람 역시 적지 않게 충분히 있을 수 있다. 하지만 샌더슨은 그들과 확실히 구별되는 무엇인가를 가지고 있었다. 여러분들은 그것이 과연 무엇인지 정확하게 알 수 있겠는가?

코널 샌더슨에게는 전폭적이고도 결단력 있는 행동을 바로 취할 수 있는 남다르고 놀라운 실천 행동 능력이 있었다는 것이다. 그는 가장 바라던 결과를 이루어내는 데 필요한 과감한 실천 행동의 힘과 끝까지 이루고야 마는 놀라운 끈기의 힘을 가지고 있었다. 1000번이 넘는 무시와 거절을 듣고서도 바로 다음번에는 "예스"라고 말할 사람이 분명히 있으리라 전적으로 확신하고 믿으며, 그 집의 문을 자신 있게 두드릴 수 있도록 자신에게 끊임없이 용기를 불어넣는 놀랍고도 특별한 능력을 지니고 있었다.

당신은 인생에서 반드시 이루어내고 싶은 확실하고 구체적인 목표가 분명히 있는가? 그렇다면 절대로 과감하게 모험과 시도·도전하는 것을 중간에 실망하거나 포기하지 말자. 그것이 바로 진정한 인생에서의 행복과 부, 성공으로 가는 필수적인 비결인 것이다.

무려 1000번이 넘는 거절과 무시, 퇴짜를 맞고서야 결국 옛 친구 피터 허먼의 레스토랑과 치킨 한 조각에 4센트씩을 지불하는 조건으로 첫 계약을 성사시키게 된다.

커넬 샌더스의 11가지 양념 비법으로 만든 후라이드 치킨을 한 번 맛본 사람들은 그 맛에 매료되었고, 커넬의 치킨은 금방 유명해져서 날개 돋친 듯 팔리기 시작했다.

커넬의 치킨은 대성공을 거두었고 레스토랑 사업 경험이 풍부했던 피터 허먼은 얼마 후 미국 각 지역에 200개가 넘는 새로운 레스토랑을 운영하게 되었으며, 커넬 샌더스 또한 꾸준히 승용차 방문 영업을 통해 세계 최대의 프랜차이즈점을 폭발적으로 늘려 나가기 시작했다. 그리고 켄터키 후라이드 치킨Kentucky Fried Chicken이라는 새로운 이름이 그 때 탄생되었다.

KFC라는 이름도 미국 남부의 손님들을 잘 대접하려는 마음과 감사하는 서비스 정신의 이미지를 가장 잘 나타낸다고 생각했기 때문에 지었다고 한다. 이렇게 최초의 KFC는 탄생했다.

이렇게 시작된 KFC는 커넬이 처음으로 KFC 치킨을 팔기 시작한 지 50년이 지난 현재에 이르러 세계 약 80여 개 나라 1만 3300점이 넘는 매장을 구축하는 역사상 유례없는 초대형 글로벌 레스토랑이 되었다.

하나님의 준비된 사람인 커넬 샌더스는 75세에 다른 사람에게 회사의 직접적인 운영을 다 넘기고 남은 평생을 구제와 복음 전파를 위해

살기로 새로운 결심을 하게 된다. 그는 하나님께서 특별한 목적을 위해 그를 오랜 기간 연단하시고, 여러 번에 걸쳐 그의 목숨을 구해주셨다는 것도 마음 깊이 진실로 깨닫게 되었다.

그래서 그는 자신의 다양한 경험과 엄청나게 불어난 재산을 가난한 사람들을 위해서 잘 사용하기 위하여, 예수 그리스도께서 그를 어떻게 구원을 하셨는지, 그 사실을 많은 사람들 앞에서 진심으로 간증을 하기 위해서 애를 쓰며, 여생을 믿음과 간증·봉사로서 보람 있게 수많은 사람들의 찬사와 존경을 받으면서 행복하게 보냈다.

"사람들이 나에 대해 뭐라고 얘기하는지 아십니까? '그 사람은 갑자기 부자가 됐어'라고들 하는데요, 글쎄요. 하지만 이제 나는 가난한 사람이 되는 길로 다시 돌아가고 있는 중입니다."

그는 수많은 가난한 학생들에게 장학금도 많이 베풀어 주었다.

모든 생애 동안 커넬 샌더스는 고상함과 예의 바름, 근면과 성실, 애국심, 높은 수준의 도덕적 기준과 헌신적인 봉사정신을 가지고 살아가려고 노력을 많이 하고 애를 많이 썼다.

"어릴 시절에 어머니와 동생들과 함께 비가 오나 눈이 오나 우리는 매 주일 교회에 갔었어요. 2마일 반이나 되는 먼 길을 걸어야 했죠."

이 영향인지, 그는 고향인 인디애나주에 그의 경건했던 어머니를 기념하며 아름답지만 아담하고 작은 시골 교회를 지었다. 커넬 샌더스는 교단에 상관없이 교회를 사랑했고, 어느 누구도 그보다 더 교회를 사랑한 사람이 없을 만큼 교회에 강한 애착을 두고 있었다. 그를 가장 잘 아는 사람들은 교회에 대한 애정은 비장의 음식 조리법보다 훨씬 더 한 것이었다고 말을 해주곤 했다고 한다.

그에게는 청결에 있어서는 절대적인 원칙이 있었다. 자신의 요리를 제공하는 데 어울릴 만한 청결한 식당 자리 외에는 절대 프랜차이즈 계약을 맺지 않았다. 청결을 상징하는 커넬의 흰색 양복과 나비넥타이, 지팡이 차림도 이런 취지에서 시작되었다고 한다. 1980년 12월 90세의 나이로 세상을 떠날 때까지 커넬은 유니폼을 차려입고 미국 내 KFC 프랜차이즈점을 열심히 돌며, 홍보와 교육하기를 멈추지 않았다.

지금도 미국인들에게 커넬 샌더스는 미국 레이건 대통령과 함께 늦은 나이에도 꿈을 잃지 않고 노력하여 성공한 대표적 인물로써 소개되고 있고, 많은 사람들로부터 마음에서 우러나오는 존경을 받고 있으며 특히 그의 간증은 국내에서도 여러 번 소개가 되어서, 많은 사람들에게 꿈과 희망과 감동을 주고 있다.

전 세계 어디를 가나 KFC 매장 문 앞에 흰 양복에 지팡이를 팔에 걸치고 웃으며 서있는 노신사 커넬 샌더스의 모습은 단순히 기업 홍보의 수단을 넘어서 삶의 꿈과 기쁨과 희망, 열정의 상징이 되고 있다.

사람이 살아가다 보면 항상 언제나 나약해지고, 마음의 힘을 완전히 잃어버릴 때가 참 많이 있다. 마음에 자신감을 심어주는 환경보다는 모든 에너지를 다 뺏어버리는 부정적인 환경이 사실상 대부분이다.

자신이 없을 때일수록 표정이나 태도만이라도 자신이 있는 것처럼 목소리에 내공을 넣어서 크고 힘차게, 그리고 정확하게 말하고, 눈에서 모든 에너지를 느낄 수 있도록 힘을 주고, 시선을 상대의 얼굴과 눈에 바로 맞추어 당신의 놀라운 에너지를 전달해야 한다.

습관과 태도가 신념을 부르고, 신념이 사람을 바꾸고 설득시키는 것이며, 인생의 운명을 완전히 바꾸어 줄 수 있다.

자신이 스스로 포기하지 않는 한 이 세상의 그 누구도 자존심과 자부심을 함부로 다 뺏어갈 수는 없다. 스스로에게 자신감을 심어주는 훌륭한 습관을 적극적으로 열정적으로 능동적으로 노출시켜야 한다. 강력한 신념이란 스스로 자기 암시를 반복하여 걸어서 미친 듯이 강력하게 쟁취하는 수밖에 다른 방법이 없다.

자신이 이때까지 선택한 모든 것들을 다 존중하자. 비록 잘못된 선택이었다 해도 스스로 좋은 경험을 했다고 항상 자부해야 한다. 스스로 선택한 일들을 스스로 잘 했다고 굳게 믿어야만 비로소 근본적인 마음의 강력한 자신감의 힘이 생긴다.

자신의 마음속의 힘은 상대방에게 자연스럽게 모두 전달된다. 그 힘이 강하든 약하든 상관없이 말이다. 한 사람의 인생을 화려하게 만들 수 있는 것은 오직 스스로의 자신감, 확신과 신념, 그리고 강한 실천력과 끈기, 의지력에서 나온다.

물그릇이 커야 더 많은 물을 담을 수 있다. 자신감, 확신과 신념 그리고 끈기, 열정, 의지력은 바로 자기 인생의 행운의 물그릇을 더 크게 하는 요소들이다. 아침저녁으로 간절한 마음으로 이 행운의 물그릇을 크게 하기 위해 강하게 기도하는 삶을 살아야 한다.

이 습관은 자신의 인생을 근본적으로 완전히 바꾸어 줄 수 있다. 이때 기도를 어떤 방식으로 하는지는 중요한 문제이다. 자기 힘으로 해결하고 극복할 수 있는 일을 달라고 기도할 것이 아니라 모든 일을 해낼 수 있는 놀라운 힘이 자신에게 있음을 확신하는 확신의 기도를 반드시 해야만 한다. 모든 것을 이룰 수 있다는 처절하면서도 강한 맹세의 기도를 해야 한다.

그렇게 하면 그 일을 성취하는 것이 기적이 아니라 인생 자체가 바

뛰는 놀라운 기적이 될 것이다. 자신감과 신념이란, 마음이 확신하는 희망을 품고 위대하고 영예로운 길로 나서는 인간이 가질 수 있는 가장 아름다운 감정이다.

사람들은 자신의 고결함과 위대함에 대해서 너무나도 모른다. 그리고 자신에게는 고결함과 위대함이 있다는 사실도 가끔씩 잊고 살아간다. 자신의 내면세계의 웅대함을 알게 되면 알게 될수록 기적 같은 삶에 대한 믿음을 가지게 되며 놀라운 생명력이 넘치게 될 것이다.

자신이 이 우주에서 가장 소중한 존재라는 사실을 스스로 강하게 인정하자. 자신이 이 우주의 주인공이라는 사실을 철저하게 인정하고 스스로 확신하자. 성공과 행복의 가장 중요하고 유일한 키포인트가 바로 자기 자신을 특별한 능력의 소유자라고 스스로 확신하는 것이다. 가장 잘나고 가장 뛰어나고 가장 강한 사람이 반드시 이 세상의 경제전쟁에서 최후의 승자가 되는 것은 결코 아니다.

이 세상의 전쟁에서 최후의 승자는 바로 스스로 '나는 반드시 할 수 있다'라고 생각하고 확신하며 그것을 과감하게 끈기 있게 행동으로 옮기는 사람일 것이다. 이것이 바로 자신의 모습이 되어야 할 것이다.

분명히 확신한다.

자신감있는 미래의 모습을!

파이팅!

당신의 인생을 바꾸어 주는 강력한 마인드 컨트롤

아침저녁으로 반복해서 외치면 놀라운 변화가 시작될 것이다.

① 나는 내 삶을 완전히 바꿀 수 있다.

② 나는 안전제일주의는 아무것도 이룰 수 없다는 것을 잘 안다.

③ 나는 열정과 용기를 잃은 인생은 재산과 건강을 다 잃는다는 사실을 잘 알고 있다.

④ 나는 내 인생을 죽는 날까지 철저하게 사용할 것이다.

⑤ 나는 위대하고 영예로운 길로 나서는 것이 진정한 행복이라고 생각한다.

⑥ 나는 진정 슬기로운 사람은 나이를 먹지 않는다고 확신한다.

⑦ 나는 습관과 태도가 신념을 부르고 신념은 인생을 바꿀 수 있다고 확신한다.

당신의 삶을 바꿀 수밖에 없는 강력한 77가지의 무기 장착 테스트

"할 수 있다 / 할 수 없다"에 O표를 하면서 체크해 본다.

1. 내 삶을 바꾸기 위해서 일주일에 1권씩 성공과 행복, 부자, 사랑, 변화에 관한 책을 사서 읽어볼 것이다.
   할 수 있다 (   )   할 수 없다 (   )

2. 지금까지 배우지 못했던 춤을 배우기 위해서 과감하게 오늘 학원을 한번 알아보고 그곳에 갈 수 있다.
   할 수 있다 (   )   할 수 없다 (   )

3. 지금까지 한 번도 제대로 하지 않았던 '사랑해'라는 말을 오늘 수도 없이 많이 할 수 있다.
   할 수 있다 (   )   할 수 없다 (   )

4. 지금까지 관심이 없었던 투자와 재테크에 관련된 여러 가지 강좌를 듣기 위해서 오늘부터 정보를 확실하게 알아볼 것이다.
   할 수 있다 (   )   할 수 없다 (   )

5. 길을 걸어갈 때에도 수많은 간판들을 보면서 자신의 브랜드를 어떻게 하면 만들 수 있을까를 연구할 것이다.
   할 수 있다 (   )   할 수 없다 (   )

6. 수많은 빌딩들을 보면서 빌딩을 소유한 나 자신과 내 빌딩의 아름다운 모습을 구체적으로 뚜렷하게 상상할 수 있다.
   할 수 있다 (   )   할 수 없다 (   )

7. 도로변에 있는 멋진 토지를 보면서 '저 땅이 바로 내 땅이다!'라고 강하게 암시를 걸면서 얘기할 수 있다.
   할 수 있다 (   )   할 수 없다 (   )

8. 매력적인 미인(미남)과 결혼할 것을 상상하면서 그녀(그 남자)의 매력적인 목소리와 그 뜨거운 사랑을 뚜렷하게 상상할 수 있다.
   할 수 있다 (   )   할 수 없다 (   )

9. 어떤 장소, 어떤 모임에서나 멋진 스피치를 하기 위해서 스피치 교육을 꼭 다양하게 받을 것이다.
   할 수 있다 (   )   할 수 없다 (   )

10. 매력적인 사람으로 거듭나기 위해서 춤과 노래를 끊임없이 배우고 연습할 것이다.
    할 수 있다 (   )   할 수 없다 (   )

11. 신문에서 볼 수 있는 부정적인 기사는 관심이 없으며, 건강·성공·부·행복과 관련된 기사를 꼼꼼히 볼 것이다.
    할 수 있다 (   )   할 수 없다 (   )

12. TV에서 방영하는 부정적인 드라마·시사프로를 보지 않으며 나에게 에너지와 희망을 심어주는 긍정적인 방송만 볼 것이다.
    할 수 있다 (   )   할 수 없다 (   )

13. 나를 슬프게 하는 노래보다는 경쾌하고 힘차고 즐거운 노래만 부를 것이다.
    할 수 있다 (   )   할 수 없다 (   )

14. 한 달에 두 번 이상 부동산 투자 물건을 현장답사를 하기 위해서 역동적으로 돌아다닐 수 있다.
    할 수 있다 (   )   할 수 없다 (   )

15. 교회·절·성당 중에서 나에게 영혼의 감동을 주는 곳을 반드시 끝까지 찾아내서 확실한 믿음의 힘을 가질 것이다.
    할 수 있다 (   )   할 수 없다 (   )

16. 하루하루를 누구보다도 소중하고 의미 있게 열정적으로 살아갈 수 있다.
    할 수 있다 (   )   할 수 없다 (   )

17. 가슴속을 항상 언제나 희망과 열정, 성공과 부로 가득 채울 것이다.
    할 수 있다 (   )   할 수 없다 (   )

18. 나의 결정에 대해서 올바른가 아닌가를 걱정하며 귀중한 시간을 절대로 낭비하지 않는다.
    할 수 있다 (   )   할 수 없다 (   )

19. 일단 뚜렷한 목표가 정해지면 나의 몸과 마음, 영혼의 모든 에너지와 나의 모든 시간을 목표 달성에 쏟아 붓는다.
    할 수 있다 (   )   할 수 없다 (   )

20. 내 인생을 크게 보며 모든 사물을 넓은 시야로 바라보고 화려한 미래를 위해서 냉철한 선택을 해 나아갈 수 있다.
    할 수 있다 (   )   할 수 없다 (   )

21. 꿈을 실현하지 못하는 사람들의 원인을 꿈의 비현실성에 두지 않고 그들의 의지와 끈기, 열정, 노력, 자신감의 부족이라고 확신한다.
    할 수 있다 (   )   할 수 없다 (   )

22. 진정한 성공의 비결 중의 하나가 뚜렷한 목표를 정하고 그 목표를 변경하지 않고 끝까지 될 때까지 밀고 나아가는 데 있다고 확신한다.
    할 수 있다 (   )   할 수 없다 (   )

23. 행복이라는 산 정상을 정복하기 위해서는 자신감, 희망, 끈기, 열정이라는 등산화가 반드시 필요하다.
    할 수 있다 (   )   할 수 없다 (   )

24. 삶의 긍정적인 변화를 위해서 과감하게 움직이는 당신은 전쟁 중인 강인한 병사이며, 최고의 강력한 최첨단 무기가 될 수 있어야 한다.
할 수 있다 (   )   할 수 없다 (   )

25. 기관총을 들고 미친 듯이 돌격하는 병사처럼 새로운 분야에 열정과 용기를 가지고 과감하게 도전해야 한다.
할 수 있다 (   )   할 수 없다 (   )

26. 찬란한 영광의 아침을 행복하게 즐기는 사람은 모든 시간을 그렇게 느끼고 창조하고, 충분히 즐길 수 있다.
할 수 있다 (   )   할 수 없다 (   )

27. 화려한 성공을 갈망하는 자신에게 이 세상은 놀이터이며 전쟁터이고 자신의 쉼터이고, 자신의 회사이다.
할 수 있다 (   )   할 수 없다 (   )

28. 항상 감사하는 마음으로 신을 경배하는 사람에게 모든 새로운 기회가 분명히 주어진다.
할 수 있다 (   )   할 수 없다 (   )

29. 자신은 모든 영화에서 볼 수 있는 마지막까지 살아남는 화려한 매력적인 주인공이 될 수 있다.
할 수 있다 (   )   할 수 없다 (   )

30. 세찬 비바람과 매서운 눈사태에 살아남은 사람은 맑은 날씨에는 무서운 속도로 힘차게 달려갈 수 있다.
할 수 있다 (   )   할 수 없다 (   )

31. 세상이라는 영화에서 엑스트라인가, 주인공인가 아니면 제작자인가? 모든 것은 스스로가 확실하게 선택을 하는 것이다.
할 수 있다 (   )   할 수 없다 (   )

32. 하루를 여러 파트로 나누어서 알차게 사용하는 자는 인생도 현명하게 구체적으로 잘 사용할 수 있다.

할 수 있다 (   )   할 수 없다 (   )

33. 처절한 눈물을 흘리며, 고통과 슬픔 속에서 라면을 먹어본 사람은 진정한 라면의 참맛을 안다.

할 수 있다 (   )   할 수 없다 (   )

34. 과대망상증과 위대한 꿈을 가진 사람은 비슷하게 느껴진다. 그러나 결과를 보면 확실하게 분명히 알 수 있다.

할 수 있다 (   )   할 수 없다 (   )

35. 불평, 절망과 원망, 비판, 실의에 빠진 사람은 불 꺼진 손전등과 같은 막막한 인생을 살아가는 것이다.

할 수 있다 (   )   할 수 없다 (   )

36. 최악의 처절한 경험은 인생에서 가장 흥분되고, 아름다운 클라이맥스이다.

할 수 있다 (   )   할 수 없다 (   )

37. 해변에 있는 수많은 모래알처럼 많은 인생 중에서 당신은 가장 빛나는 소중한 모래알이 될 수 있다.

할 수 있다 (   )   할 수 없다 (   )

38. 강아지의 눈꺼풀이 가라앉는 오후에 열정적으로 마케팅을 할 수 있는 사람은 진정한 열정의 성공적인 인생을 살아가는 사람이다.

할 수 있다 (   )   할 수 없다 (   )

39. 사계절이 뚜렷한 변화무쌍의 상징, 한반도에서 태어난 사람 중에 세계 최고의 위대한 지도자가 탄생할 것이라는 것을 확신한다.

할 수 있다 (   )   할 수 없다 (   )

40. 세상이 숨을 죽일 정도의 강력한 기를 소유한 사람이 새로운 변화와 행복을 이끌어갈 진정한 지도자라는 사실을 확신한다.
할 수 있다 (　　)　　　　할 수 없다 (　　)

41. 눈앞의 짧은 수익을 추구하는 사람이 위대한 일을 해낼 확률이 거의 없다는 것을 잘 알고 있다.
할 수 있다 (　　)　　　　할 수 없다 (　　)

42. 모든 성취와 실패는 자신의 마음 구조에 달려있다. 시간을 활용하고 에너지를 이용하는 사람이 모든 것을 얻을 것이다.
할 수 있다 (　　)　　　　할 수 없다 (　　)

43. 하루에 한 번씩 석양의 아름다운 노을을 볼 수 있다는 것은 누구에게나 하루에 한 번씩 놀라운 기회가 주어진다는 것을 의미한다.
할 수 있다 (　　)　　　　할 수 없다 (　　)

44. 꽃들은 매일 자기 생명력의 발휘를 위해 최대한 아름다운 자태를 보여준다. 오늘 인생의 최대한 자태를 확실하게 보여주고 있는가?
할 수 있다 (　　)　　　　할 수 없다 (　　)

45. 이 세상에 빛이 존재하는 한 희망과 비전도 존재하는 것이다. 자신의 성공과 희망의 에너지는 어느 정도나 밝은가?
할 수 있다 (　　)　　　　할 수 없다 (　　)

46. 당신의 그림자는 얼마나 당신을 훌륭하게 반영하고 있는가? 하루의 반성은 내일의 역동적인 성공을 분명히 의미하는 것이다.
할 수 있다 (　　)　　　　할 수 없다 (　　)

47. 당신은 실전 세상에서 다양하고, 리얼한 경험을 통해서 처절한 실전 박사 학위를 받을 각오가 단단히 되어 있는가?
할 수 있다 (　　)　　　　할 수 없다 (　　)

48. 고통과 번민, 고난과 시련에서 탈피하는 순간, 스스로의 위대한 사명을 느끼고 바로 깨닫는 사람이 바로 진정한 영웅이라고 할 수 있다.
할 수 있다 (   )   할 수 없다 (   )

49. 잃어버린 자신의 날개를 발견하기 위해서 안간힘을 쓰는 처절한 마인드의 소유자가 이 시대의 위대한 성공의 독수리가 될 수 있다.
할 수 있다 (   )   할 수 없다 (   )

50. 현재 처지에 심한 불만을 느끼고 갑갑함과 분노를 느낀 자신은 새로운 변화와 화려한 성공과 처절한 개선의 급행열차를 반드시 탈 수 밖에 없다.
할 수 있다 (   )   할 수 없다 (   )

51. 아무리 노력해도 스스로 성공할 수 없다고 느끼는 것은 바로 이 세상의 종말을 예고하는 것이다.
할 수 있다 (   )   할 수 없다 (   )

52. 자신 마음의 거울에 비추어 보면 모든 것이 명백해진다. 스스로를 속일 수 있는 사람은 아무도 없다.
할 수 있다 (   )   할 수 없다 (   )

53. 허약하고 나약해진 자신의 허점을 만회하기 위한 선택이 바로 타락이다. 강한 자는 스스로의 나약한 유혹을 냉정하게 뿌리칠 수 있다.
할 수 있다 (   )   할 수 없다 (   )

54. 인생의 탄생과 죽음은 오직 한 번밖에 없다. 그러나 기회는 여러 번 오고 성공과 행복도 여러 번 올 수 있다.
할 수 있다 (   )   할 수 없다 (   )

55. 가장 강력한 자기애는 자살과 성공이 있다. 너무나도 사랑해서 죽은 사람과 너무나도 갈망해서 성공하는 것은 똑같은 것이다.
할 수 있다 (   )   할 수 없다 (   )

56. 진정한 성공으로 가는 길은 바로 자신의 마음속에 있다. 도道의 한자의 의미를 음미해보면 누구나 잘 알 수 있다.
할 수 있다 (   )   할 수 없다 (   )

57. 피눈물 나는 불행은 반드시 그 만큼의 커다란 행운을 가져다준다. 인생은 잃어버림으로써 반드시 많은 것을 얻을 수 있기 때문이다.
할 수 있다 (   )   할 수 없다 (   )

58. 자신의 한계와 틀을 완전히 깰 수 있는 사람은 모든 세상이 다 자신을 위해서 움직이고 있음을 확실히 깨닫는다.
할 수 있다 (   )   할 수 없다 (   )

59. 부모와 형제의 틀을 깰 수 없는 사람은 큰 성공을 이룰 수 없다. 예로부터 집을 떠나지 않고 큰 성공을 이룬 사람이 없기 때문이다.
할 수 있다 (   )   할 수 없다 (   )

60. 이 세상에 사랑의 뜨거운 에너지로 녹일 수 없는 것은 없다. 어떤 장애물도, 어떤 난관도, 어떤 어려움도 위대한 사랑은 다 녹일 수 있다.
할 수 있다 (   )   할 수 없다 (   )

61. 간절한 소망을 가지고 열정적으로 기도하는 사람에게 영웅이 될 수 있는 기회가 주어진다. 신은 소망과 끈기, 열정을 사랑하기 때문이다.
할 수 있다 (   )   할 수 없다 (   )

62. 마음속 깊은 곳까지 타들어가는 듯한 아픔으로 모든 것을 극복한다면 아름답게 피어나는 한 송이 꽃처럼 모든 것을 이룰 수 있다.
할 수 있다 (   )   할 수 없다 (   )

63. 상처와 고통은 자신을 강하게 만들어 주는 보약이다. 상처가 깊을수록 고통이 더할수록 나는 더욱더 강해질 수 있다.
할 수 있다 (   )   할 수 없다 (   )

64. 겨울을 가장 춥게 고생하며 처절하게 지낸 사람이 진정한 봄의 감사함을 따뜻하게 느낄 수 있다.
할 수 있다 (   )   할 수 없다 (   )

65. 금가루 같은 햇살이 자신의 인생을 가득 비추기 위해서는 먼저 마음 속에 화려한 꿈의 금덩어리를 가득 채워야 한다.
할 수 있다 (   )   할 수 없다 (   )

66. 굶주림과 배고픔의 헝그리 정신은 마케팅의 황제가 되려고 하는 당신에게 필수적인 마인드이다.
할 수 있다 (   )   할 수 없다 (   )

67. 영원한 절대성은 바로 절대자의 마음이다. 자신의 마음속에 있는 절대자의 특성을 최대한 활용한다면 무슨 일이든지 이룰 수 있다.
할 수 있다 (   )   할 수 없다 (   )

68. 자신의 마음속에 강력한 군대가 있는가? 전투에서 살아남을 마음의 조각은 몇 조각인가? 여기에 승패가 달려있다.
할 수 있다 (   )   할 수 없다 (   )

69. 화려한 성공과 진정한 행복을 갈망하지 않은 것은 스스로를 고문하는 것과 같다. 수많은 사람들은 엉뚱한 틀 속에 갇혀서 스스로를 고문하며 살아간다. 자신은 어느 쪽인가?
할 수 있다 (   )   할 수 없다 (   )

70. 술·담배·노름을 멀리하는 것은 성공의 기초 초석이다. 자신은 어느 정도나 절제하고 있는가? 절제하는 만큼 성공이 가까워진다.
할 수 있다 (   )   할 수 없다 (   )

71. 순간적인 쾌락을 추구해서 장기적인 불행에 빠지는 어리석은 인생이 많다. 자신은 장기투자 스타일인가? 단기투자 스타일인가?
할 수 있다 (   )   할 수 없다 (   )

72. 정확한 계획·프로젝트·꿈·열정 없이 살아가는 것은 흡사 음주운전을 하고 있는 무책임한 사람과 같다.

　　　할 수 있다 (　　)　　　　할 수 없다 (　　)

73. 행복과 불행은 사람과 그림자와의 관계이다. 항상 공존하며 모양이 비슷하다. 스스로 무엇을 선택하느냐의 기본적인 문제이다.

　　　할 수 있다 (　　)　　　　할 수 없다 (　　)

74. 사람은 최악의 경우에 신을 찾는다. 최상의 경우에 오만함에 빠지는 것은 다시 최악의 경우를 스스로 부르는 것이다.

　　　할 수 있다 (　　)　　　　할 수 없다 (　　)

75. 찬바람이 불면 처절한 겨울을 생각하는 사람과 통쾌한 스키장을 생각하는 사람이 있다. 인생은 자신의 머릿속에 있는 생각이 모든 것을 변화시키고 결정한다.

　　　할 수 있다 (　　)　　　　할 수 없다 (　　)

76. 상대에게 예의를 강요하는 사람과 스스로 예의를 갖출 수밖에 없는 상대가 있다. 성공이란 세상의 모든 것이 자신 위주로 스스로 돌아가도록 자연스럽게 창조하는 데에 있다.

　　　할 수 있다 (　　)　　　　할 수 없다 (　　)

77. 이 세상에 존재하는 모든 것들은 바로 자신의 밥그릇이다. 사람이 존재하는 한 세상 어디를 가도 자신이 살아갈 구멍이 분명히 존재하고, 당신은 그 돌파구를 반드시 찾을 수 있다.

　　　할 수 있다 (　　)　　　　할 수 없다 (　　)

※ '할 수 있다'가 50% 이상일 경우 당신은 충분히 변화할 수 있고 화려한 성공을 이룰 수 있다.

PART
05

• • •

왜 세상을 바꾸지 않는가?
Why Not Change the World?

1. 마음의 궁전 속에 모든 것을 새기고 소유하라
2. 당신은 최고의 세상에서 살고 있다

마음의 궁전 속에 모든 것을 새기고 소유하라

ONE STEP 자기가 할 수 있는 일에 한계를 긋는 사람은 기회와 행운을 잡을 수 없다

미국의 빌 클린턴 전 대통령은 《기빙Giving》이라는 책에서, "백악관을 떠나면서 대통령으로 재직한 나 자신의 시간과 경험을 정치 현장을 떠나 세상을 변화시키고, 다르게 만들 수 있는 그 어떤 것에 바칠 것을 다짐했습니다"라고 말했고, 또한 "생명을 구하는 일을 돕고, 젊은이들이 꿈을 실현하는 기회를 만들어 주고 싶은 충동을 항상 느꼈고, 여가로서가 아니라 자기에게 베풀어 준 사랑에 대한 의무로서 당연히 그러한 일을 해야 한다고 절실히 느끼고 있다"라고 말했다.

이 얼마나 멋진 말인가?

"내가 세상을 향해서 베풀 수 있는 것은 단지 물질적인 것이나 형식적인 것이 아니라, 나에게 주어져 있는 내 인생의 시간들, 그리고 뜨거운 열정, 대통령으로서 경험했던 다양한 경륜과 지식, 그리고 세상의 젊은이들에게 인생의 진정한 해답을 이끌어줄 수 있는 구심점 역할이라고 나는 확신한다."

현재 그는 다양한 봉사활동과 함께 클린턴재단을 만들어 지구 기후의 극심한 변화의 대처, 후천성 면역 결핍증의 퇴치, 영아 사망과 비만 문제의 해결, 최빈국들의 경제적 기회 확보 노력의 헌신적인 구심점으로 여러 계층의 노력을 결집하는 창조적인 역할을 수행하고 있다.

자신이 할 수 있는 일의 한계를 완전히 극복하고 전혀 새로운 일에 끊임없이 도전하는 위대한 글로벌 리더들의 창조적인 활동에 진심으로 격려와 감동의 박수를 보낸다.

해비타트 운동을 비롯한 인도주의적 헌신적인 노력으로 2002년 노벨 평화상을 수상한 지미 카터 미국 전 대통령이나 기후변화 등 환경문제에 끊임없는 노력을 다해서 2007년 노벨 평화상을 수상한 엘 고어 전 부통령 등 수많은 전직 국가 지도자들이 국내외의 여야 정치 이념을 초월한 지구를 살리고 세상을 바꾸기 위한 창조적인 활동을 벌이고 있는 데 대해서 진심으로 존경과 흠모의 찬사를 보내고 싶다.

나는 이 책의 수많은 독자 여러분들이 높은 꿈을 가지고 끊임없는 변화를 추구해 바로 이러한 세상을 바꾸는 보다 거대하고 위대한 일에 강력한 영향력을 행사할 수 있는 중요한 역할을 맡기를 진심으로 기대한다. 마음의 궁전 속에 가장 위대하고 큰 꿈을 새기고 소유한 사람은 온 세상을 창조적으로 바꿀 수 있다.

이 세상에서 가장 정직한 것이 과연 무엇인지 알고 있는지? 그것은 위대한 꿈을 가지고 그 꿈을 이루기 위해서 쏟아 붓고 흘리는 끈기와 노력과 땀, 열정, 도전정신이다. 인류를 구하고 세상을 보다 나은 세상으로 만들기 위해서 어느 누구보다도 더 진실하게 흘리는 열정과 노력과 땀은 전 세계인 모두를 감동시키고도 남을 어떤 비싼 보석보다 더 값지고, 화려하게 빛나는 보석 중의 보석이다.

세상의 그 어느 누구도 모르게 자신만의 위대한 꿈을 향해서, 세상을 향해서 힘들게 노력하고 고생할 때 흘리는 땀, 그 땀방울을 진정한 만족과 쾌감을 느끼면서 한번 실컷 흘려보고 싶지 않은지? 지금 열심히 나름대로 세상에 없는, 단하나 밖에 없는, 나만의 위대한 꿈을 위해서 만족과 쾌감의 땀방울을 열심히 흘리고 있다.

또한 많은 사람들이 글로벌 시장에 진출해서 세계 최강 다국적 기업의 CEO로서 세상을 바꾸고 위대한 꿈을 이루기 위한 경제 전쟁을 힘차게 벌이기를 진심으로 기대하고 바라고 있다. 구슬 같은 땀방울을 흘리면서 체력의 변화, 마음의 변화, 비즈니스의 변화, 삶의 변화, 세상의 변화를 위해서 열심히 역동적으로 뛰고 있기를 진심으로 바란다.

우리는 좀 더 정신을 바짝 차리고 중국·인도·두바이·베트남·러시아·말레이시아 등 신흥 개발국가에 보다 능동적으로 보다 적극적으로, 보다 열정적으로 진출해야만 한다. 자랑스러운 21세기 경제전쟁의 최후의 승자가 되기 위해서, 자손들의 영광을 위해서, 더 나은 세상을 만들기 위해서 주어진 의무와 사명을 반드시 강한 책임감으로 그 본분을 다해야만 한다.

이러한 역사적인 사명을 한 사람 한 사람이 모두 인식하고 절실히 깨닫고 있을 때 대한민국이 세계 최강의 경제 대국으로 움직일 수 있는 진정한 변화가 본격적으로 시작될 것이라고 확신한다.

"여러분들은 이 세상을 움직이는 가장 강력한 실질적인 힘은 과연 무엇이라고 생각하는가?"

"이 세상의 변화에 가장 큰 영향력을 끼치는 기본적인 요소가 과연 무엇이라고 생각하는가?"

이 물음의 답을 강력한 리더십과 경제력에서 찾는다. 현재 지구상에서 가장 큰 영향력을 행사하는 민족은 분명히 유대민족이라고 말할 수 있을 것이다. 그들은 세계의 수많은 나라들과 글로벌 다국적 기업들의 막강하고 강력한 경제적인 영향력을 쥐고 있다. 세계 최강의 강대국인 미국을 쥐락펴락하는 유대인의 강력한 '파워'에 대해서는 누구나 잘 알고 있는 사실이다. 정치, 경제, 사회, 문화 등 거의 모든 분야에 걸쳐서 강력한 입김과 영향력을 행사하고 있는 미국의 파워 엘리트들 중 거의 절반 이상이 유대계 인물들로 구성이 되어 있다고 한다.

세계에서 초강대국인 미국의 경제적인 원조를 가장 많이 혜택을 받고 있는 나라는 분명히 유대민족들의 국가인 신생 독립국 이스라엘이다. 1948년 영국과 미국을 주축으로 한 전 세계 강대국들이 일방적으로 무조건 밀어붙인 이스라엘의 건국에서부터 그 진정한 흐름을 찾아 볼 수 있다. 무조건적으로 밀어붙여서 진행이 되어버린 이스라엘의 건국은 2천 년 가까이 나라를 잃고 전 세계를 떠돌면서 유랑하던 유대민족들에게는 실질적인 성지의 감격스러운 회복이다. 하지만 오랫동안 팔레스타인 땅에 살아온 불쌍한 원주민인 팔레스타인인들에게는 이스라엘의 건국은 그동안 살아온 삶의 터전을 완전히 잃어버리는 처절한 비극의 시작이었다.

세계 평화의 선도적인 기구인 유엔 총회는 팔레스타인 땅에 대한 영국의 위임통치 기간의 종결을 6개월을 앞둔 1947년 11월, 팔레스타인의 지역 분할안 가결을 무조건 진행시켜서 팔레스타인 모든 지역(2만 6323제곱킬로미터)의 56.47퍼센트를 이스라엘에, 42.88퍼센트를 아랍국가에, 나머지 0.65퍼센트에 해당하는 예루살렘을 국제관리지구로 과감하게 할당을 해 버렸다.

그 당시 팔레스타인 전 지역의 대부분인 87.5퍼센트를 소유하고 있던 아랍인들은 당연히 이 지역 분할안을 분개하면서 강력하게 거부했고, 유대민족들은 이 지역분할안을 기쁜 마음으로 수용해 이듬해 5월 14일 건국을 성사시키고 모든 일을 일사천리로 진행을 시켜버렸다.

분개한 아랍인들이 그 당시에 선택할 수 있는 것은 오직 무력뿐이었다. 요르단, 시리아, 레바논, 이집트, 이라크 등 주변 아랍국들은 연합해서 강력한 무력을 행사하면서 신생 독립국인 이스라엘을 공격하기 시작해서 제1차 중동전이 발발했다. 그러나 결과는 세계 최강의 막강한 초강대국들의 지원을 받은 신생 독립국 이스라엘의 화려한 승리로 끝났다.

세계 최강의 초강대국들이 왜 신생 독립국인 이스라엘을 전적으로 도와주었다고 여러분들은 생각하는가? 그것은 바로 유대민족들이 가지고 있는 글로벌적인 막강한 리더십과 경제적인 영향력에서 그 분명한 해답을 찾을 수 있다. 신생 독립국 이스라엘은 1948년에 건국을 한 이후로 세계 최강의 초강대국인 미국의 막강한 경제적인, 정치적인 후원 아래 빠른 성장을 계속 지속해왔다고 해도 결코 과언이 아니다.

미국은 지금도 매년 평균 30억 달러에 이르는 막대한 원조를 이스라엘에 계속 제공하고 있다. 이스라엘의 건국 이후에 제공된 미국의 원조 액수가 총 1000억 달러에 이른다는 놀라운 통계도 있다. 올해도 유대민족들의 막강한 인적 네트워크를 가지고 있는 강력한 로비단체들이 미 의회에서 25억 5000만 달러 규모의 군비 지원안을 통과시키는 것을 목표로 하고 있을 정도라고 한다.

초강대국인 미국이 이처럼 이스라엘을 적극적으로 전폭적인 지원을 하는 이유는 유대계 미국인들의 강력한 경제적인 영향력과 그 실질적인 파워를 꼽는 전문가들이 많이 있다. 이스라엘의 주요 일간지인 예루살렘 포스트지의 기사에 따르면 미국 내의 유대민족들의 인구는 총 640만 명으로 추산된다고 한다. 초거대국가인 미국의 전체 인구의 지극히 일부인 2.1퍼센트에 불과하지만 미국의 정치, 경제, 사회, 문화 전체에 미치는 그 놀라운 영향력은 위의 그 비율의 수십 배 이상이라는 평가를 받고 있다. 이러한 유대계 미국인들의 영향력은 그들의 강력한 로비의 힘에서 그 실질적인 힘이 여실히 드러난다고 한다.

사실상 '유대인 총회'라고 불리는 미국에서 가장 영향력 있는 이스라엘 로비 단체로 알려져 있는 '미 유대인 공공정책위원회(AIPAC)'의 연례총회가 워싱턴 D.C. 컨벤션센터에서 열렸는데, 미 대통령 선거를 앞두고 열린 이번 총회에 차기 미국 대통령을 노리는 공화당과 민주당의 대선 후보들은 개막식과 폐막식 연설에서 미국의 대 중동정책에 대해 자세히 발표를 했다고 한다.

막강한 영향력을 가지고 있는 유대계 미국인들의 전폭적인 지지를 받지 않으면 차기 대통령에 당선되기가 어렵다는 인식이 분명히 저변에 깔려있다. 콘돌리자 라이스 국무장관과 상하 양원 지도급 의원들도 초청되어 미국의 중동정책에 대한 입장을 자세히 말했다고 한다. 이러한 장면은 미국 내의 유대민족들의 강력한 영향력과 인적 네트워크 그리고 그것을 바탕으로 진행되는 엄청난 로비력이 얼마나 엄청나게 막강한지를 확실히 보여주는 대목이라고 할 수 있겠다.

민주당과 공화당의 양당 대선후보의 AIPAC 총회에서의 연설의 공방전은 손에 땀을 쥘 정도로 치열하게 진행이 되었다. 공화당의 대통령 후보인 존 매케인 상원의원은 개막식 연설에서 이란이 핵무기의 프로그램을 포기하지 않아서 이스라엘의 안보에 위협이 된다며 이란에 대한 강력한 불신과 제재를 주장했다.

동시에 이란의 지도자들과 벽을 깨고, 조건 없는 대화를 시도하겠다는 오바마 의원의 제안을 "역사를 심각하게 오해한 것"이라며 강하게 비판을 했다. 매케인 상원의원은 오바마 대선 후보가 외교에 전혀 경험이 없다는 점을 강하게 지적하며 오바마의 나약한 중동정책이 미국과 이스라엘의 안보에 치명적이고, 중대한 위협이 될 수 있다고 강력한 공격에 나선 것이었다. 그리고 그는 "이스라엘이 질적으로 군사적 우위를 확실하게 유지할 수 있도록 최선을 다하겠다"며 "미-이스라엘 동맹이 영원할 것"이라고 다짐할 정도로 유대계들의 전폭적인 지지를 얻어내기 위해 애를 많이 썼다.

이에 맞서 오바마 상원의원은 AIPAC 총회 폐막식에서 "이스라엘의 안보는 신성불가침이며 협상의 대상이 아니고, 이란보다 이스라엘의 국가 안보에 더 큰 위협은 없다"고 지적하며, "이란이 핵무기를 보유하지 못하도록 모든 힘을 쏟을 것"이라고 말해서 친이스라엘 정책을 강하게 표방하고, 총회에 참석한 수많은 유대인들의 폭발적인 기립박수를 이끌어냈다. 민주당의 힐러리 클린턴 상원의원은 "차기 대통령은 민주당에서 나올 것이며 오바마는 이스라엘의 좋은 친구가 분명히 될 수 있을 것"이라며 오바마를 칭찬하면서 추켜세웠다.

이 모든 상황은 유대민족들이 얼마나 그 영향력이 막강하고 엄청난 지를 여실히 증명해주는 것이다. 지구상의 모든 국가와 기업에 가장 큰 영향을 주는 민족인 유대민족에 대해서 우리는 좀 더 연구하고 분석해야 할 필요가 있다고 확신한다.

글로벌 세상은 바로 막강한 경제력 파워의 초경쟁사회이며, 우리의 살 길은 근본부터 마인드를 완전히 바꾸고 매우 실질적인 경제전쟁의 실력과 놀라운 판단력과 안목을 갖추는 것이다. 그래서 유대민족들의 강한 생명력과 결속력, 대단한 리더십과 강력한 영향력을 진심으로 부러워하고 있으며, 그들의 다양한 노하우를 다양한 루트로 다운로드받기를 희망한다.

우리가 세계 최강의 경제 대국이 되기 위해서는 이 세상에서 최고로 강한 생명력과 결속력, 영향력과 리더십을 반드시 가져야만 한다. 우리가 해낼 수 있는 일에 스스로가 소극적으로 한계를 그어놓는다는 것은 결코 있을 수 없는 일이다. 우리는 세계에서 가장 위대한 민족이고, 앞으로 세계에서 가장 막강한 영향력을 행사할 민족이 분명히 될 것이다. 앞으로 우리 민족에게 기적 같은 일들이 수도 없이 많이 일어날 것이라고 분명히 확신한다.

여러분들도 대한민국의 화려한 미래를 확신하는가?

TWO STEP 자기 자신의 주인이 되지 못하는 사람은 결코 어떤 것의 주인도 될 수 없다

진정한 리더십이란 자신의 인생을 창조적으로 이끌어가는 힘이요, 수많은 사람들의 운명을 바꾸어 줄 수 있는 힘이다. 감동적이고 뚜렷한 장기 목표를 가지고 있는 위대한 사람은 눈앞의 작은 실패에 절대로 좌절하거나 흔들리지 않는다. 인생이란 무엇을 어떻게 하면서 살아왔는가가 중요한 것이 아니라, '앞으로 얼마나 간절하게 무엇을 절실하게 희망하고 갈망하면서 살아가고 있는지'가 중요한 요소이다.

인생을 완전히 바꾸고 또한 세상을 바꾸기 위한 위대한 사업에 몰두했던 많은 영웅들의 공통점은 세상의 어느 누구보다도 강력한 주인의식이 있었다는 점이다. '세상의 주인은 바로 나 자신이다'라는 강한 주인의식은 성공을 갈망하는 사람에게 절실히 필요한 필수조건이라고 생각한다.

자신이 세상의 주인공이다. 자신은 자신의 삶과 시간·공간·환경의 주인이다. 세상을 어떻게 변화시켜서 자신이 살아가고 자신의 자손들이 살아가기에 가장 행복할 수 있도록 창조적으로 만들겠는가? 세상이란 끊임없이 창조적인 변화를 시키기 위해서 존재한다. 또한 세상을 화려하게 변화시키기 위해서 분명히 현실 속에서 당신이 존재하고 있다. 이 위대한 사명과 책임을 스스로 자각하지 못하고 살아가는 대다수의 사람들은 끝없는 삶에 대한 의문과 회의를 느끼면서 열정과 의욕 없이 어리석게 살아가다가 쓸쓸하게 늙고 죽어간다.

자신에게 주어진 위대한 사명과 책임을 진심으로 못느끼고 있는가? 스스로에게 주어진 이 위대한 시대적인 사명과 책임을 자각하지 못하는 사람은 스스로의 에너지와 능력을 제대로 발휘하지 못할 뿐만 아니라, 나약함 속에서 후회와 번민의 고통스러운 삶을 분명히 살아가게 될 것이다.

다음의 7가지 위대한 사명을 읽어보고 스스로 다이어리에 더 많은 자신의 사명과 책임을 세상을 향해서 미사일을 발사하듯이 강력하게 하나하나 구체적으로 써보기 바란다.

① 나는 인생의 진정한 의미를 모르고 어떻게 살아가야 할지도 모르는 수많은 청소년들에게 창조적인 삶의 로드맵을 확실하게 제시할 수 있는 위대한 지도자가 되어야 한다.

② 나는 전 세계에 헐벗고 굶주리고 있는 많은 난민·기아·노인들에게 행복과 풍요로움을 나누어줄 수 있는 부를 소유한 세계 최고의 성공을 이룬 화려한 부자가 반드시 되어야만 한다.

③ 나는 지나친 규제와 억압으로 모든 사람들의 발전과 풍요를 방해하고 있는 모든 사회적인 규범·규칙·법·제도 등을 과감하게 바꾸고 창조적인 새로운 세상을 열어나갈 수 있는 위대하고 현명하고 강력한 역사에 빛나는 결정권자가 되어야만 한다.

④ 나는 가문의 영광을 위하여, 사랑하는 사람들을 위하여, 사랑하는 자손들을 위하여 반드시 이 풍요로운 세상을 향해서, 국가를 향해서 새로운 비전과 프로젝트를 제시할 수 있는 창조적인 리더가 되어야만 한다.

⑤ 나는 수많은 사람들에게 영혼의 감동과 눈부신 화려한 미래의 희망을 심어줄 수 있는 감동의 스피치를 구사하는 세계 최강의 명연설자, 세계 유일의 감동의 카리스마를 갖춘 멋진 럭셔리 정치·경제·종교의 1퍼센트 온리원이 되어야만 한다.
⑥ 나는 전 세계의 모든 사람들이 사랑할 수밖에 없는, 존경할 수밖에 없는, 세상을 향한 사랑과 행복의 메시지를 전달하는 매력적이고 에너지를 무한히 발산하는 세계 최강의 능동적인 행동하는 리더가 되어야만 한다.
⑦ 나는 세상의 경제와 문화, 사회를 더욱더 발전시키고 세계 평화를 주도하는 인류 역사상 전무후무한 이 시대의 진정한 보석 같은 빛나는 실전 영웅이 되어야만 한다.

이제 자신의 기본적인 역사적 사명과 책임을 조금이라도 알겠는가? 치사하고 나약하고, 치졸한 은둔주의를 이제 완전히 버리고 넓고 창조적인 세상을 향해서 과감하게 박차고 나오자. 잃어버렸던 화려한 영웅의 본색을 또다시 드러낼 때가 드디어 된 것이다.

자신을 속박하고 있는 좁쌀 마인드, 나약함의 표상인 철저한 개인주의와 은둔주의에서 벗어나서 위대한 기쁨, 쾌감, 흥분, 만족, 빛나는 영광의 세계로 당당하게 뛰어나오기를 바란다.

자신의 새로운 다이어리에 자신이 반드시 해야 할 위대한 실천사항 77가지를 직접 손으로 구체적으로 차근차근 써내려 가기를 진심으로 바란다. 자신이 좁은 생각, 작은 목표, 개인주의, 이기주의, 은둔주의, 당신만의 행복, 당신만의 풍요가 얼마나 허무하고 허탈한 것인가를 되도록이면 빨리 일찍 스스로 깨달아야 한다.

이 세상은 자신의 절실한 깨달음을 간절히 원하고 있다. 당신의 그 위대한 생각과 계획, 그리고 강력한 실천력과 폭발적인 카리스마를 이 세상은 간절히 원하고 있다. 이제 아예 잊어버렸던 그 옛날 순수했던 어린 시절의 영광스러운 추억과 아름다운 기억들을 다시 되찾아내야만 한다.

어린 시절 전 우주를 지배하고, 우주의 평화를 지키면서, 저 먼 우주 끝까지 순식간에 날아서가고, 순식간에 다시 지구로 우주선을 타고 돌아오던 당신의 그 황당한 상상력과 꿈과 희망과 열정과 창조적인 우뇌 작용을 다시 모두 철저하게 되찾아내야만 한다. 세상은 파워풀하고 위대한 카리스마의 멋진 영웅을 간절하게 기다리고, 처절한 마음으로 갈망하고 있다. 자신의 위대한 성공과 행복의 본능에 몸과 마음, 영혼을 반드시 철저하게 맡겨야 한다.

세상에서 가장 위대하고 멋지고 고급스러운 정치계의 지도자로, 종교계의 지도자로, 경제계의 리더로 지금 당장 변신하고, 세상의 그 어느 누구도 감히 대적할 수 없는 뜨거운 열정으로 자신의 삶 전체를 걸고 과감하게 결판을 짓기 위해서 도전 해보자.

세상에서 그 누구도 도전할 수 없는 강력한 에너지를 발산하면서 마케팅으로, 무역으로, 유통으로, 부동산으로, 디벨로퍼로, 금융업계로, 좀 더 창조적이고 좀 더 역동적인 더 넓은 분야의 세상으로 과감하게 용기를 가지고 진출 해보자.

자신의 황금 같은 시간과 공간을 모두 구속하고, 속박하고 있는 안정된 고정급을 주는 그 좁은 동물원에서 되도록이면 빨리 탈출을 과감하게 시도 해보자.

자신의 나약하고 좁은 좁쌀 마인드는 처음부터 간절히 원해서 얻어진 것이 아니다. 그 나약하고 좁은 좁쌀 환경이 자신을 그렇게 궁상맞고, 빈약하게 만들어 버린 것이다. 잃어버렸던 그 위대한 영웅의 뜨거운 본능을 다시 활기차게 일깨워내어야만 한다.

세상에서 자신이 할 일, 원하는 자유로운 직업이 너무나도 많이 있고, 또한 도움을 필요로 하는 수많은 나약하고 헐벗은 사람들이 존재한다.

세상은 당신의 화려한 등극과 성공을 간절히 원하고 있다. 그리고 이 세상에는 오직 당신 같은 위대한 영웅들만이 창조적으로, 능동적으로 변화시킬 수 있는 수많은 불합리한 틀, 제도, 법규, 규범, 관습 등이 있다.

세상은 오직 위대한 영웅들만이 창조할 수 있는 다양한 새로운 연극, 영화, 뮤지컬, 콘서트 등의 예술문화가 존재하고, 세상을 향한 따뜻한 사랑의 카리스마를 갖춘 이 세상 최고의 위대한 영웅을 간절히 갈망하고 있다. 그리고 지극히 평범한 가운데 혹은 처절한 최악의 상황 속에서, 모든 악조건과 열악한 환경을 강한 생명력으로 완전히 극복해내고, 위대한 성공을 이룬 감동의 지도자를 간절히 기다리고 있다.

무엇을 망설이는가?

왜 세상을 바꾸지 않는가? Why Not Change the World?

자신이 이 세상의 주인이다. 마음의 궁전 속에 모든 것을 새기고 소유하자. 세상은 당신의 꿈이 현실화되는 것을 간절히 기다리고 있다. 자기 자신의 주인이 되지 못하는 사람은 결코 어떤 것의 주인도 될 수 없다. 이제부터 지금 현재 안일한 환경 속에서 겨우 삶을 지탱하고 있는 이 부끄러운 굴욕과 치욕의 시간을 완전히 끝내고, 처절한 반성과 분노를 느끼면서 잃어버린 시간·공간·욕망·열정·꿈·희망·화려한 미래를 찾아서 과감하게 출발을 해야 할 때가 드디어 왔다. 전투적이고 도전하는 삶, 역동적이고 능동적인 삶, 기회와 행운, 부와 풍요, 고급스러운 콘셉트, 베푸는 삶, 화려한 미래가 당신을 간절히 갈망하며 고대하고 지금 기다리고 있다.

이제 과감하게 출발하는 것만 남았다. 이제 그만 망설이고, 화끈하게 출발을 하자.

Let's Go!

"여기, 자기보다 우수한 사람들을 거느렸던 위대한 사람이 누워 있노라."

– 앤드류 카네기 묘비 글

02 당신은 최고의 세상에서 살고 있다

ONE STEP 모든 것은 할 수 있고, 이루어지고, 쟁취하면 된다

지금 이 순간 자신에게 무엇이 부족하고 어떤 부분이 모자라고, 자신을 성공하지 못하도록 괴롭히는 요소는 과연 구체적으로 무엇인가? 우리는 현재 인류 역사상 가장 발전되어 있는 최첨단 글로벌 세상을 살아가고 있다. 역사상 최고의 밝은 세상을 살아가고 있다. 모든 것은 자신이 마음만 먹으면 쉽게 할 수 있고, 반드시 이루어지고, 과감하게 쟁취하면 다 되는 것이다.

절대로 머릿속으로 복잡하게 생각하지 말자. 최첨단 글로벌 세상에서 진정으로 경제전쟁의 최후의 승자로 살아남고 싶다면, 그리고 남보다 훨씬 성공적인 행복한 인생을 마음껏 즐기고 향유하고 싶다면 무대포 정신만으로, 높은 학력만으로, 다양한 지식만으로, 춤 잘 추고 말 잘 하고 사람 잘 사귀는 것만으로, 또는 열심히 성실히 일하는 것만으로,

책을 많이 읽고 정보를 많이 얻는 것만으로는 모두가 현실적으로 불가능할 것이다. 정답은 항상 전혀 엉뚱한 다른 곳에 있다.

오직 남보다 뛰어나고 현명한 지혜와 판단력, 완전히 남과 다르고 타의 추종을 불허하는 뜨거운 열정만이 제대로 화려하게 현실 속에서 반드시 살아남을 수 있다.

결론적으로 남보다 훨씬 뛰어나야 하고, 남과는 모든 면에서 아예 근본부터 완전히 달라야 한다. 그 시원한 해답과 돌파구를 유대민족들의 뛰어난 처세술과 특별한 교육 방법에서 한번 찾아보고 싶다.

세계적인 최고의 천재적인 석학들은 물론이고, 지구촌 글로벌 세상 전체를 좌지우지하는 최고의 영향력을 과시하는 실력자들을 가장 많이 배출한, 하나님의 선택을 받은 민족이라고 스스로 자부하는 유대민족, 과연 그들의 놀라운 영향력과 그 천재적인 파워는 도대체 어디에서 그렇게 나오는 것일까?

실제로 유대인들에게 그 정확한 이유를 물어본다면 놀라운 역사적인 파워의 근원과 뿌리는 바로 어린 시절부터 철저하게 의무적으로 행해지는 '《탈무드》 전통 교육'에 있다고 아마 이구동성으로 자신 있게 말을 할 것이다.

도대체, 어떻게 아이들을 어린 시절부터 천재적으로 교육을 시키기에 전 세계인들의 부러움을 받을 수 있는 것인지, 그렇게 천재들을 많이 배출할 수 있는 것인지, 나는 궁금해서 자세히 그리고 구체적으로 알아보고 싶었다.

유대민족의 부모들의 자녀교육의 구체적인 노하우와 그 깊숙한 비밀이 정말로 궁금하지 않은가? 세계 최강의 초강대국 미국의 세계 금

융시장의 중심가이고, 증시시장의 상징인 월 스트리트는 유대인들이 이미 거의 다 장악한 지가 오래 되었고, 조지 소로스와 같은 천재 헤지 펀드의 50퍼센트가 모두가 다 유대인들이며, 거의 대부분이 다 유대 자본가들의 후원과 막강한 지원을 받고 있다. 세계 5대 메이저 식량회사 중 3개가 유대인들의 소유이며, 세계 7대 메이저 석유회사 중 6개가 유대인들의 소유이다.

놀라운 사실이 아니겠는가? '엑슨' '모빌' '스탠더드' '걸프'는 록펠러 가문의 소유이고, '로열 더치 셸'은 로스차일드 가문의 소유, '텍사코'는 노리스 가문의 소유이다. 영화사도 거의가 다 유대 가문들의 소유이다. 너무나도 잘 알고 있는 유니버설 영화사와 파라마운트 픽쳐스, 20세기 폭스사, 워너브라더스사가 모두가 다 유대 가문들의 소유이다.

세계 최강의 초강대국 미국의 정치계의 상당수가 다 유대인들이고, 워렌 버핏, 아인슈타인, 세기의 희극배우 찰리 채플린, 마를린 먼로, 패션 디자이너 캘빈 클라인, 발명가 토마스 에디슨, 정신분석학자 프로이드, 스티브 발머(마이크로소프트 최고경영자), 엔드류 그루브, 영화감독 스티븐 스필버그 등이 다 유대인들이다.

통신사와 신문사 · 방송사도 거의가 다 유대 가문들의 소유이다. AP 통신사, UPI, AFP, 로이터 통신, 뉴욕타임스, 월 스트리트 저널, 해롤드 스탠리 계열, 파이낸셜 타임즈, NBC, ABC, CBS, BBC 등이 모두가 다 유대민족들의 소유이거나 그들의 자본에 의해서 움직이고 있다. 실질적으로 세계의 주목을 받고 있는 각 분야 최고의 유명인들이 놀랍게도, 거의가 다 유대인들이다.

유대인들은 세계 인구의 1퍼센트에도 미치지 못할 정도로 상대적으로 상당히 적은 인구의 숫자이지만, 전체 300명의 역대 노벨상 수상자들 중에서 각 분야에서 93명이나 되는 명예로운 수상자를 배출했을 만큼 모든 면에서 최고로 우수한 최강의 민족으로 모든 전 세계인들에게 자세히 잘 알려져 있다. 그런데 정작 유대인들은 실제로 물어보면 자신들이 선천적으로 머리가 좋은 민족은 절대로 아니라고 분명히 얘기를 한다고 한다.

그들이 세계 속의 다양한 분야에서 특별히 뛰어난 두각을 나타내고 있는 것은 타고난 '머리' 때문이 아니라, 이스라엘 유대민족들의 오랜 전통이자, 독특하고 특별한 자녀 교육의 진정한 뿌리인《탈무드》덕분이다. 그런 이유에서인지 유대인들의 부모들도 자녀 교육이라고만 하면 이 세상의 그 어느 민족보다도 더 극심한, 타의 추종을 불허할 정도로 극성맞다고 분명히 말할 수 있을 정도로 진짜 열성적이다.

그러나 유대민족들의 '지극히 자녀 교육에 극성맞음'에는 우리가 우리의 경험으로 비추어 생각하는, 우리의 보편적인 생각과 오랜 관습과는 완전히 다른 특별한 면이 분명히 확실하게 있는 것 같다. 그 교육의 방식은 오랜 세월인 4천여 년 동안 이어져 내려온 유대 민족의 고대 자녀교육의 전통을 원래의 오리지널 그대로 계승하고 있는 것이다.

유대민족은 일찍이 고대 성경시대 때부터 어린이들의 개개인의 독특한 능력에 맞추어서 개별적으로 특별히 가르치고, 그들의 개성을 살려서 창조적으로 완전히 남다르게 이끌어주는 위대한 교육의 특별한 전통을 가져온 것이었다.

《탈무드》는 고대의 오랜 옛날 성경 시대 이후부터 유대인들에게 풍부한 백과사전의 역할을 충분히 해주며, 유대인들의 특별한 전통 교육을 오늘날까지 훌륭하게 이끌어주었다. 실제로 유대민족들은 엄격한 규율에 따라 살고, 엄격한 규율에 따라 죽는다고도 말할 정도로 생활 속에서 그 규율을 진짜 엄격하게 꼭 반드시 지킨다고 한다. 그래서 그들은 《탈무드》의 계율에 따라 아기를 낳고, 《탈무드》의 지침대로 장례를 치르며, 《탈무드》의 가르침에 따라 아이를 교육시키고, 《탈무드》의 관례에 따라 이웃과 더불어 살아간다고 한다.

이렇게 특별한 고대 전통 교육의 맥을 끊임없이 이어온 유대인들이 노벨상을 완전히 휩쓸어버리고, 세계의 역사에 커다란 획을 긋는 위대한 인물들을 속속 배출해내자, 유네스코는 1980년대 초부터 유대인들의 교육 방법에 집중 주목을 하고 본격적으로 연구를 철저하게 시작했다고 한다. 유네스코가 특별히 깊은 관심을 갖고 연구를 하기 시작한 것은 바로 유대인들의 독특한 육아법, 특히 그중에서도 지금까지 유대인 부모들이 계승하고 있는 그들의 오랜 역사 속의 전통 태교 방식인 '닛다'에 관한 것이었다.

'닛다'는 《탈무드》에 자세히 기록되어서 오랜 옛날부터 계승되어 오고 있는, '특별한 타이밍 임신법'을 말한다고 한다. 유대민족의 전통 태교 '닛다'에 따르면 아내의 월경 첫날부터 적어도 5일은 성생활을 완전히 금하고, 아내의 월경이 끝난 후에도 7일 동안은 절대로 남편과 동침을 할 수 없다는 것이 엄격한 기본 철칙이다. 한 달의 기간 중에서 꼬박 12일이 완전한 금욕의 절제의 기간인 셈이다.

엄격한 금욕 기간인 12일을 철저하게 다 채우고, 비로소 부부생활이 허락이 되더라도 '닛다'의 가르침에 따라 12일째 되는 날의 밤에 철저하게 깨끗이 목욕을 한 다음 부부가 사랑의 관계를 가져야 한다는 것이 또한 엄격한 기본 철칙이다. 이렇게 엄격하고 까다로운 규정이 나름대로 타당한 확실한 근거를 가지고 있음이 오랜 연구의 결과로써 과학적으로도 분명히 밝혀졌다고 한다.

엄격한 금욕이 풀리는 날은 배란일 하루나 이틀 전에 해당하므로 '닛다'의 가르침에 따라 부부가 깨끗한 몸으로, 사랑의 관계를 맺으면 신선한 난자와 원기 왕성한 정자가 수정을 할 가능성이 높아진다는 것이다. 따라서 건강한 남편의 정자와 건강한 아내의 난자가 가장 그 상태가 최고로 원기 왕성할 때 서로가 만나게 되어서 머리가 좋고, 가장 튼튼한 아기를 낳게 된다고 하는 것이다. 이러한 방법으로 임신을 하는 것은 상당히 일리가 있는 과학적인 태교 방법이라는 생각이 든다. 태어나기 전부터 최선을 다해서, 철저한 규율을 지키고 탄생시키는 이 모든 노력과 인내가 바로 유대민족의 영광을 탄생시킨 진정한 원동력이 아닐까하고 생각을 해본다.

유대민족들의 독특한 자녀 교육에서 가장 중요한 키포인트는 바로 '남보다 뛰어나게'가 아니라 '남과 완전히 다르게' 자녀들을 독특하고, 특별하게 키우는 것이 진정한 그들의 공동 관심사이며, 궁극적인 목표라고 한다. 일본이나 한국을 비롯한 아시아의 평범한 어머니들과 유대민족의 어머니들과는 생각의 차이가 많이 있다. 예를 들어, 이웃집 어린이가 일류 학교로의 진학을 목표로 삼고 있다고 해도 유대인 가정에서는 그것에 별로 관심을 가지지 않고, 일류 학교이든 이류 학교이든 신경을 아예 쓰지 않는다고 한다.

'남보다 뛰어나라, 남들을 앞질러라'하고 잔소리를 해서 어린이들을 절대로 스트레스 받게 달달 들볶지도 않는다고 한다. 여기에 비해서 일본이나 한국의 보통 어머니들은 자녀들이 어렸을 때부터 대학은 어느 명문 대학에 반드시 꼭 가야만 된다는 식의 철저한 부담과 압박을 어린이에게 주고 있으니, 참으로 딱하고 슬픈 환경이라는 생각을 떨쳐 버릴 수가 없다.

여러분들께서는 유대인인 아인슈타인이 '상대성이론'을 발견한 세계적인 천재 물리학자라는 사실을 잘 알고 있겠지만, 그가 어린 시절에 완전히 저능아 취급을 받았고 네 살이 되도록 말을 제대로 하지 못하자, 아인슈타인의 부모님들은 그를 '저능아'라고 인정을 하고 완전히 체념을 했었다는 사실은 잘 모르고 있다. 그는 학교생활에서도 생각하는 것이나 머리 회전이 너무나도 늦었고, 사교성이 없어서 친구들과 절대로 잘 어울리지도 않아, 아인슈타인의 담임선생님은 '이 아이에게서는 어떤 긍정적인 결과도 절대로 기대할 수 없다'는 충격적인 신상기록을 남겼다고 한다.

또한 그가 이 학교를 계속해서 다닐 경우 다른 학생들에게 공부에 방해가 된다는 결론을 내리고, 더 이상 학교에 보내지 않는 것이 좋겠다고 했으리만큼 아인슈타인은 자타가 공인하는 구제불능의 저능아였다. 아인슈타인은 부모님, 주변 사람들, 그리고 학교의 담임선생님으로부터 완전히 저능아 취급을 받았지만, 이에 전혀 아랑곳하지 않고 열다섯 살 때까지 유클리드, 뉴턴, 스피노자, 그리고 데카르트를 완전히 혼자서 독파를 했다.

그는 아무도 이해할 수 없고 이해하려고조차 하지 않는 독특하고 특별한 숨은 천재였다. 후에 인류 역사상 세계 최고의 천재 과학자로 전 세계 모든 사람들로부터 인정을 받은 그는 어린 시절의 지난날을 회고하기를, "나는 사실 그 당시에 엄청나게 강한 지식욕을 가슴에 품고 있었습니다. 그러나 나의 이런 마음을 이해해주고 알아주는 사람은 아무도 없었습니다. 오직 저의 어머니만이 저를 특별하게 대해 주셨죠"라고 술회했다.

만약 그가 일반적인 교육 방식대로 다른 어린이들과 똑같이 교육받고 성장하기를 강요당했더라면, 그의 천재적인 재능은 오히려 빛을 발하지 못했을지도 모른다. 보통의 다른 아이들과 전혀 다른 점, 즉 특별한 개성을 제일 중요시하는 것이 바로 유대민족의 어머니들의 전통적인《탈무드》식 교육방법의 가장 중요한 포인트이다.

유대민족의 어머니들은 자신의 사랑하는 자녀들이 다른 집의 보통 아이들과 똑같이 뛰어 놀고 함께 공부하면서, 똑같은 사고방식으로 생각하고, 행동하는, 고정적인 형식과 틀에 얽매이고, 속해 있는 것을 진심으로 바라지 않는다고 한다. 왜냐하면 《탈무드》의 가르침대로 다른 집의 보통 어린이들과는 완전히 다른 뚜렷한 개성을 가지고 성장을 하는 것이, 화려한 성공과 좋은 장래를 분명히 약속받을 수 있다고 믿고 있기 때문인 것이다.

많은 사람들의 경쟁 속에서 우열을 가리는 경우, 승자는 언제나 소수에 지나지 않지만 저마다 남과 다른 독특하고 특별한 능력을 지니고 있다면 모든 사람은 서로의 능력을 서로가 인정을 할 수 밖에 없고, 서로가 서로를 진심으로 존경을 하면서 함께 살아갈 수 있는 법이라는 것이 바로《탈무드》의 진정한 가르침이다. 이처럼 유대민족의 어머니들은 예외 없이, 다른 집 어린이와는 무엇인가 완전히 다른 자기 자녀만의 독특한 특성을 찾아서 그것을 신장시켜 주는 것에 평생을 통해서 최선의 전력을 투구해왔다고 한다.

'히브리'라는 말의 원래의 진정한 뜻은 '혼자서 완전히 다른 쪽에 선다'이다. 자기 자녀만의 특별한 개성을 충분히 최대한 키워준다는 것이 바로 유대민족의 라이프스타일 전반에 걸친 전통 교육의 기본 원칙이다. 천재 과학자 아인슈타인은 바로 이러한 전통 교육의 분위기 속에서 자연스럽게 탄생할 수 있었던 것이다.

동양의 보편적인 생각을 가진 어머니들은 대개 '댁의 아이들은 어쩌면 그렇게 얌전하고 착한가요?'라는 말로 칭찬하기 일쑤인데, 유대인들은 절대로 그런 식으로는 말하지 않는다고 한다. 오히려 그들에게는 그 말은 칭찬이 아니다. 왜냐하면 유대인들에게는 '얌전하고 착하다'라는 말은 '적극성과 진취성이 없어서 공부를 절대로 잘 할 수 없다'라는 말과 다를 바가 없다고 생각을 하기 때문이다.

유대인의 전통적인 속담에 '내성적인 어린이는 잘 배우지도 못한다'라는 말이 있다. 이 말은 내성적인 아이는 공부를 잘 못할 것이라는 말이 아니라, 수줍음을 잘 타서 남 앞에 나서지도 못하고, 말도 제대로 못하는 소극적인 성격이라면 참다운 교류와 학습을 깊이 터득하기는 어렵다는 뜻이다. 다시 말하면, 한창 배울 시기의 어린이는 궁금한 것이나, 의심스러운 것이 있으면 서슴없이 닥치는 대로 질문을 하도록 길들여져야 한다는 것이 바로 유대민족의 전통적인 교육 방식의 원칙적인 의미이다. '듣는' 것보다 '말하는' 것이 한창 배우는 시기의 어린이들에게는 훨씬 더 중요하다는 것이 그들의 확고한 믿음이다.

동양 사람들의 보편적인 특징은 사람들과 이야기를 할 때 대화 도중에 소재가 떨어지면 곧바로 침묵이 찾아온다는 사실이다. '침묵은 금이다'라는 속담도 있듯이 과묵한 것을 미덕으로 삼아왔던 유교 문화의 영향이라고 볼 수도 있다. 보편적인 유대인으로서는 그다지 수다쟁이가 아니더라도 서로 계속 논쟁을 벌이고, 의견을 교환하고, 끊임없이 대화를 하게 되는 경우가 흔히 있을 수 있는데 그것은 말에 의해서 상대방으로부터 많은 정보와 의견을 접하고 배우는 것이 어려서부터 생활화·습관화되어 있었기 때문이다.

유대인들에게 있어서 지나친 침묵이란 배우는 것을 완전히 거부하는 것이고, 지식에 대한 욕구의 치명적인 결여라고 밖에는 달리 생각이 되지 않는다고 한다. 그들은 평소에 상대방과 자신의 속마음을 털어놓으면서 매사를 분명하게 솔직하게 이야기를 한다는 것은, 바로 상대방에게 '나는 진정 당신에게서 많은 것을 배우고 싶다'라는 진실한 사인을 보내는 것과 같은 것이라고 본다.

보편적인 동양의 어머니들은 사랑하는 자녀가 처음 초등학교에 들어갔을 때, "착하고 얌전하게 선생님 말씀을 잘 들어야 해요"라고 흔히 말을 할 것이다. 유대인들이 이 말을 들으면 참으로 어리석은 일이라고 슬프게 생각할지도 모른다. 교실에서 하나같이 선생님의 이야기를 조용히 얌전하게 듣고 있을 착한 학생들의 모습을 떠올리면서 불쌍하게 생각할지도 모를 일이다.

그러한 소극적인 수업 방식은 어린이들로 하여금 선생님이 가르치는 것을 그냥 일방적으로 듣게만 할 뿐이고, 선생님의 말이라면 아무런 의심도 갖지 않고 무조건 따르다 보면 독창성이 아예 없는 보편적인 인간으로 성장할 수밖에 없다는 것이 그들의 확고한 믿음의 생각이기 때문인 것이다. 오직 선생님의 강의를 듣기만 한다면 앵무새와 같은 나약한 인생이 될 수밖에 없다는 것이 그들이 믿고 있는 전통 교육 방식의 기본 원칙인 것이다.

유대인들의 교육은 분명히 근본부터가 완전히 다르다. 유대민족의 어머니들은 "선생님의 말씀을 잘 듣고, 조금이라고 의문 나는 것이나 궁금한 것은 주저하지 말고 반복해서 적극적으로 큰 소리로 계속 물어봐야 해요! 완전히 이해가 될 때까지!"라고 단단히 일러서 보낸다고 한다.

인생에서 가장 창의적인 나이의 어린이들에게 요구되어야 하는 것은 의무적인 암기의 능력이 아니라, 상상하고, 표현하고, 이해하는 창조의 능력이다. 선생님들은 학생들에게 문제를 내고 학생들은 그것을 풀면서, 궁금하거나, 의심나거나, 모르는 점은 끝까지 반복 질문을 하도록 해서 완전히 철저하게 이해를 시켜야 한다는 것이 그들의 교육 방식의 철칙이다.

교사가 이야기하면 학생들은 그것에 대한 질문을 반드시 필수적으로 반복해서 하지 않으면 안 된다고 한다. 어떤 문제에 대해서건 교사와 학생 사이에 주고받는 질문과 대답이 서로 많이 번갈아가면서 적극적으로 오가게 된다면, 교육의 효과는 그만큼 커지기 마련이라고 강력하게 믿는 것이 그들의 교육 방식의 가장 큰 특징이다.

그들만의 놀라운 경제적인 파워와 마인드—그들만의 네트워크와 리더십—그리고 사회적 지위를 지켜온 진정한 비결은, 오랜 옛날부터 이런 특별한 방법으로 교육을 받아 왔고, 모든 것을 완벽하게 이해할 때까지 도전적인 질문을 그치지 않는 적극적인 자세를 몸에 자연스럽게 어린 시절부터 익혀왔기 때문이 아닌가하고 생각을 해본다.

그렇게 유대민족들은 오랜 세월을 스스로의 독창적인 교육 방식으로 끊임없이 창조적인 노력을 함으로써 자신들의 독자적인 지위의 체계화를 서서히 이룩해왔고, 그것이 결과론적으로 곧 세계사에 빛나는 위대한 인물들과 놀라운 업적의 탄생으로 바로 연결이 되어왔다.

　유대인들이 많은 것을 발명하고, 항상 지적 연구의 선구자, 새로운 분야의 개척자의 지위를 지켜온 진정한 비결은 바로 오랜 옛날부터 끊임없이 세상을 향한 구체적인 의문과 도전적인 질문, 창조적인 발상, 새로운 시도와 도전을 끊임없이 그치지 않는 능동적인 자세를 어린 시절부터 반복해서 몸에 완전히 익혀왔기 때문이다. 한국과 일본의 보편적인 부모들은 대부분 어떤 일정한 양의 좌뇌적인 지식을 학생들의 머릿속에 강제적으로 밀어 넣어주고, 어떻게 해서든지 시험에만 통과하는 능력을 불어 넣어주기를 적극적으로 요구하며, 명문 학교에 입학시키는 일에만 지대한 관심을 집중적으로 쏟는다. 근본적으로 무엇인가가 잘못된 것이라고 확신한다.

　이렇게 오래 전부터 우리의 교육에 관한 기초적인 사고방식은 어떻게 물고기를 잡을 수 있는지 중요하고 근본적인 것은 아예 가르치지를 않고, 당장에 먹을 수 있는 오직 한 마리의 물고기를 나눠주는 것과 다를 바 없는 어리석은 잘못된 교육 방식이다. 유대인의 속담에 '물고기를 한 마리 준다면 하루 밖에 살지 못하지만, 물고기 잡는 방법을 가르쳐준다면 한 평생을 살아갈 수 있다' 는 말이 있다.

　억압적이고, 강제적인 암기식 공부보다는 다양한 지식의 체계를 어떻게 자기 것으로 자연스럽게 편안하게 흡수하느냐 하는 창의적인 방법을 가르치게 된다면, 학생들은 그것을 다른 여러가지 상황의 일에도 적절하게 창조적으로 활용함으로써 어려운 학문에 대한 흥미로움과 그 학습의 효과를 충분히 배가시킬 수 있을 것이며, 장차 나아가서 세상을 향한 보다 창의적이고, 위대하고, 특별한 일들을 자연스럽게 쉽게 분명히 이루어낼 수 있다.

　오랜 세월, 인류 역사가 시작된 이래로 유대민족은 그야말로 이 지구상에 존재하는 어떤 민족보다도 엄청난 핍박과 박해를 받으며 비참하게 생존해 왔다. 그러한 최악의 조건과 최악의 환경 속에서 유대인들에게 만약에 특별하고, 남다른 지혜가 없었다면, 과연 그들이 어떻게 되었을 지를 상상하기란 그리 어려운 일이 분명히 아닐 것이다.

　한 예로 오랜 옛날 중세의 유럽 시대의 불쌍한 유대민족들은 토지의 소유를 완전히 원천적으로 금지를 당하였고, 직능별 조합인 '길드'에 마저 절대로 가입을 할 수가 없는 천대받고 핍박을 받는 불쌍한 존재들이었다. 이러한 최악의 조건의 유대민족들이 오직 선택할 수 있는 유일한 직업군은, 고등 교육을 받고나서 의사가 되어 편안하게 한평생을 살아가거나 아니면 세계 어느 곳에서나 통용되는 물건을 찾 독특하고 특별한 지혜를 터득하며 온 세계를 떠돌아다니며, 자유로운 국제적인 상인이 되어 오직 돈을 벌기 위해 모든 위험을 감수하는 처절한 장사를 하는 길밖에 없었다.

　《탈무드》에는 '유대인의 유일한 재산은 현명함과 지혜이다'라는 점을 중점적으로 강조해 놓았고, 결국에는 오랜 세월 동안에 그 처절한 최악의 현실 속에서《탈무드》의 내용대로 무조건 실천하고, 오직 현명함과 지혜로운 선택에 의지한 자만이 겨우 살아남을 수 있었다.

　'지혜가 뒤지는 사람은 매사에 뒤진다'라는 유대인의 속담처럼, 지혜롭지 못한 어리석은 사람의 행복과 재산은 순식간에 사라질 수 있는 물거품과 같은 것이고, 반대로 지혜로운 사람은 모든 것을 갖추고, 모든 것을 선택하고, 모든 것을 이룰 수 있는 자라고《탈무드》에서는 여러 차례 우화를 통해서 철저하게 강조해서 얘기하고 있다.

그리고 《탈무드》에서는 "배움은 벌꿀처럼 달고 맛있다!"라고 강력한 메시지를 반복해서 전달하고 있다. 금방 싫증이 나도록 전혀 즐거움을 못 느끼게 만드는 동양의 좌뇌적인 교육 방식에 완전히 지쳐있는 한 어린이가 공부하기를 미치도록 싫어하는 상황이 되었다면, 그 결과의 절대적인 책임은 거의 대부분이 그 아이의 부모에게 분명히 있다고 유대인들은 자신 있게 얘기할 것이다.

일본과 한국에서는 공부를 하지 않으면 안 되는 이유와 유치원이나 학교를 다니지 않으면 안 되는 이유를 아이들에게 강요를 하고 있다. 그래서 어린이들은 당연히 부담스러운 의무감에 사로잡히게 되고, 철저한 의무인 만큼 하기 싫어도 반드시 해야만 하는 것이 공부이고, 또한 가기 싫어도 할 수 없이 가야만 하는 곳이 학교라는 곳이라고 지겹다고 생각하게 된다. 그러다 보면 진심으로 열심히 공부를 해야겠다는 흥미로운 생각은 점점 없어지게 된다.

유대민족들의 눈에는 이런 일들이 이해가 안 되고, 진짜로 이상하게 보여질 수도 있다. 왜냐하면 유대인들은 어릴 적부터 철저하게 교육을 받기를 본디 인간에게 있어서 다양한 분야의 여러 가지 내용을 배운다는 것은 이 세상에서 가장 즐거운 일이라고 느끼고, 생각하도록 철저하게 교육을 받았기 때문이다.

"이 넓은 세상을 자세히 배우고, 스스로의 인생을 개척하기 위해 선조들의 특별한 지혜를 터득하는 것이 즐겁지 않을 까닭이 없지 않은가?" 하고 진정한 배움이란 '꿀처럼 달고 맛있는 것'이라는 흥미로운 사실을 어린 시절부터 철저하게 피부로 느낄 수 있도록 교육을 시키고 스스로 완전히 깨달을 수 있도록 자연스럽게 유도를 한다.

이스라엘에서는 초등학교 신입생이 선생님과 처음 만나는 학교 등교의 첫날에, 공부란 '달콤한 꿀과 같다'는 사실을 어린이들에게 실제로 꿀을 사용해서 실감하게 가르쳐준다고 한다. 선생님은 1학년 학생들 앞에서 히브리어의 알파벳 22자를 벌꿀이 묻은 손가락으로 재미있게 써내려간다. 그리고 '이제부터 너희들이 배우는 것은 모두 여기 쓴 22자에서 출발을 하게 되며, 더구나 그것은 벌꿀처럼 달고 맛있는 것이다'라고 가르친다고 한다.

또 신입생 모두에게 맛있는 케이크를 주는 학교도 있는데, 흰 설탕이 덮인 맛있는 케이크 위에는 히브리어 알파벳이 역시 달콤한 설탕으로 씌어져 있다. 어린이들은 선생님에게 이끌려 설탕의 알파벳을 손가락으로 더듬어가면서 단맛을 맛보게 되고, 이것 역시 '배움이란 꿀처럼 달다'는 사실을 가르치는 지혜롭고, 좋은 방법이라고 할 수가 있다. 아이로 하여금 하기 싫어도 해야만 하는 것이 공부이고, 가기 싫어도 가야만 하는 곳이 학교라는 생각을 갖지 않도록 하려면, 배우는 것이 달콤한 꿀과 같다는 놀라운 깨달음과 지혜를 스스로 피부로 느끼고 터득할 수 있도록 해주어야 한다는 것이다.

유대민족들의 전통적인 교육의 기본 철칙에 의해 부모가 자녀들에게 항상 할 수 있는 말은 '하기 싫은 일은 절대로 할 필요가 없다. 그러나 하고 싶은 일은 미친 듯한 열정으로 최선을 다해서 열심히 하라'이다. 이 말은 참 훌륭한 미래 지향적인 조언이라고 생각한다.

부모들의 자식에 대한 진정한 의무란, 만약 어린이가 스스로 그것을 선택해서 하고 싶다고 할 때는, 그렇게 하기 위해 후회 없는 노력을 하라고 충고를 철저하게 해 줄 뿐이라는 것이다.

어린이들은 부모들이 자신의 의사를 존중해 주면 공부를 할 때도, 다른 여러 가지 일을 할 때도, 자신의 능력에 따라 적극적으로 나서려는 강한 의욕을 갖게 된다. 우리는 자녀들의 먼 장래에 대해 지나치게 부풀린 기대감을 가지거나, 자신의 꿈을 자녀들을 통해서 이루려는 식의 구태의연한 사고방식에서 철저하게 탈피를 해야만 한다. 만약에 그런 좁은 틀 속의 생각을 아직도 가지고 있다면, 그것은 어린이들에 대한 부모들의 월권행위이자 지나친 욕심이 아닐 수 없다는 것이 유대민족들의 냉철하고 현명한 생각이다.

어디까지나 어린이들 스스로가 자신의 길을 창조적으로 발견하고, 스스로의 능력에 의하여 인생을 과감하게 헤쳐 나갈 수 있도록 이끌어 주는 것만이 부모가 할 수 있는 일의 최선이고, 최상의 결과를 얻을 수 있는 가장 지혜로운 선택과 방법이라고 그들은 굳게 믿고 있다. 우리는 유대민족들의 탁월한 처세술과 현명한 교육 방법을 반드시 참고를 해야 한다고 확신한다.

사실상 교육 방식의 창조적인 변화와 부모들의 마인드의 혁신적인 변화가 대한민국의 발전을 위해서 시급한 상황이다. 현실 게임에서는 모든 것은 원하는 데로 할 수 있고, 원하는 데로 이루어지고, 원하는 데로 쟁취하면 되는 것이다.

세계 최강의 경제 대국 대한민국을 이루기 위해서는 제일 먼저 과감하게 변화되어야 할 것이 바로 교육 분야의 혁신적인 제도적인 변화와 마인드의 변화가 아닐까 하고 한번 생각을 해본다.

만일 당신이 배를 잘 만들고 싶다면,
사람들을 불러 모아 목재를 가져오게 하고
여러 가지 일을 지시하고,
일감을 나눠주는 등의 쓸데없는 일을 절대로 하지 말라!
대신 그들에게 저 넓고 끝없는 바다에 대한 동경심을 심어주고,
꿈과 희망과 욕망을 최대한 키워줘라!

- 생떽쥐베리

TWO STEP 자기 자신을 축복하는 사람만이 모든 것을 얻을 수 있다

자기 자신을 경영하는 것이나, 가정을 경영하는 것이나, 회사를 경영하는 것이나, 나라를 경영하는 것이나, 전 세계를 경영하는 것이나 기본적인 틀은 다 똑같다. 진정한 의미의 창조적인 경영이란 기술적인 테크닉이나, 정보와 지식, 학문의 깊이가 중요한 것이 아니라 무엇보다도 가장 중요한 것이 바로 인간의 본능을 이용한 감동과 이해, 사랑의 관계이다.

경영학을 전공하고 세계적인 명문대학의 박사학위를 가지고 있다고 해서 세계 최고의 경영인이 될 수는 없다. 사람과 사람과의 관계, 부모와 자식과의 관계, 대표와 직원과의 관계, 회사와 고객과의 관계, 지도자와 국민과의 관계, 국가와 국가와의 관계의 경영에서 가장 집중해

서 중시해야 할 사항이 바로 콘택트, 커뮤니케이션, 인간과 인간과의 부딪힘, 마음과 마음의 접촉, 기쁨, 감동, 열정, 꿈, 행복이다.

스스로에게 감동과 희열의 구체적인 목표를 갖게 하지 못하는 인생은 반드시 스스로 비참하게 몰락해간다. 가족들에게 감동과 기쁨을 주지 못하는 사람은 언젠가는 비참하고 쓸쓸하게 가족으로부터 버림을 받게 된다. 고객들에게, 사원들에게 감동과 희망, 기쁨, 꿈, 행복을 심어주지 못하는 회사는 곧 스스로 몰락하고, 곧 망한다. 전 국민들에게 뚜렷한 목표와 비전, 꿈과 열정을 심어주지 못하는 지도자는 곧 배척당하고, 초라하게 물러나게 된다.

경영에 있어서 가장 먼저 선행되어야 할 것이 바로 자기 자신에 대한 이해와 축복과 감동, 그리고 세상을 향한 넓은 사랑과 꿈, 행복, 열정이다. 가장 먼저 자기 자신 스스로를 진심으로 강력하게 축복해주고, 자기 자신의 그 위대한 잠재 능력을 스스로가 충분히 인정을 해주고, 뜨거운 감동과 긍정적인 자극을 반복해서 적극적으로 주기 바란다. 당신이 스스로에게 하는 모든 축복의 말들이 스스로의 모든 인생의 행로를 강하게 바꾸고, 그 발전의 속도를 바꾸고, 놀라운 기적 같은 변화를 이루게 된다.

일단 느낌을 받았다면 그 감동의 변화의 속도를 절대로 늦추지 말고 개인과 가정과 사회와 국가와 세상을 향해서 줄기차게 행복을 향해서, 풍요를 향해서 미친 듯이 강하게 밀어붙여야 한다. 자신을 철저하게 경영하고, 주변사람들을 현명하게 경영하고, 그리고 온 세상을 강력하게 창조적인 행복 경영을 철저하게 해 나아가는 것이다. 그곳에는 역동적·능동적으로 강력하고 구체적인 꿈과 계획 그리고 비전, 이 세상을 향한 최고의 뜨거운 열정이 너무나도 많이 필요하다.

스스로가 생각할 때, 부족한 점이나 단점·취약점은 모두다 묻어두고 처음부터 아예 심각하게 그 부정적인 부분에 대한 생각을 전혀 할 필요가 없다. 그 부분을 완전히 고칠 수 있으면 고치고, 고칠 수 없다면 더 이상 깊이 생각해서는 절대로 안 된다.

이것보다 더 시급하게 절실히 필요한 부분이 바로 당신의 효율성과 장점을 최대한 발전시키고, 극대화시켜서 세상의 그 어느 누구도 감히 근처에 따라오지도 못하게 만드는 것이다. 오로지 자신의 최대 효율성과 최고의 장점만을 집중적으로 극대화해서, 최대한 키울 생각을 반드시 해야 한다.

그 놀라운 능력으로 온 세상을 지극히 긍정적으로 변화시키고, 지극히 풍요롭고 행복하게 만들 수 있다는 축복과 사랑의 말을 반복해서 스스로에게 집중적으로 반드시 해야 한다.

세상에서 가장 위대하고 뛰어난 능력자일수록 많은 단점과 진짜 치명적인 결점이 분명히 있을 수 있는 일이다. 제삼자가 보았을 때 결정적인 단점과 치명적인 결점이 없는 사람은 절대로 이 세상을 변화시킬 수 있는 위대한 영웅이 될 수 없다. 스스로의 단점, 결점, 작은 실수나 잘못, 시행착오는 전혀 신경을 쓰지 않고 뚜렷하고 구체적인 목표를 향해서 미친 듯이 돌진할 수 있는 최고의 뜨거운 열정과 비전을 가진 사람만이 세상을 창조적으로 변화시킬 수 있는 위대한 영웅의 기본 자격이 주어질 수 있다.

오직 크고 귀중한 그 구체적인 목표에 도움이 되는 일만 반복해서 생각하고, 집중해서 열정으로 끊임없이 끈질기게 추구를 해야만 한다. 특별한 사람일수록 반드시 한 가지 이상의 특이한 그 어느 누구도 도저히 대적을 할 수 없는 진짜 이상한 괴벽이 있을 수도 있다. 보통 사람들보다 재주가 특별한 만큼, 또한 다른 부분에서 특별한 괴벽이 분명히 있을 수 있는 것이다. 만약에 그 천재적인 사람이 그 괴벽을 완전히 버릴 수 있다면 그의 그 특별한 재주도 완전히 사라져 버릴 수도 있다.

모든 공로를 남에게 돌리고, 모든 일의 책임은 자신이 질 수 있는 위대한 창조적인 리더십의 소유자는 우리가 생각하듯이 모든 면에서 완벽한 월등한 사람이 결코 아니다. 세상을 너무나도 사랑하고 경쟁자에게서도 사랑을 받을 수밖에 없는 경험과 실전지식이 풍부한 온 세상 사람들이 모두 따를 수밖에 없는 뛰어나고 위대한 지도자는 바로 자기 자신 스스로를 지극히 사랑하고 온 세상을 너무나도 아끼고 사랑하는 사람이다. 그런 사람은 스스로의 단점과 결점을 과감하게 완전히 극복하고 끊임없이 자신을 진실로 칭찬하고, 사랑하고, 축복하는 사람이다.

이 책을 다 읽어보고, 깨달음과 영감을 얻은 독자분들이 분명히 우리나라를 세계 최강의 경제 대국으로 건설해서 자손만대의 행복과 번영을 누릴 수 있는 영광스러운 화려한 미래를 창조해 나아갈 수 있는 위대한 액션 히어로가 분명히 될 수 있다고 확신한다.

21세기는 강력한 행복과 열정의 에너지를 가진 사람만이 모든 원하는 모든 것들을 할 수 있고, 원하는 모든 것들을 이루어내고, 원하는 모든 것들을 쟁취할 수 있는 창조의 세상이다.

자기 자신을 칭찬하고, 간절한 마음으로 기도하고, 자기 자신을 이 세상 그 어느 누구보다도 축복을 할 수 있는 사람만이 모든 것을 얻을 수 있을 것이고, 이 세상을 보다 밝게, 아름답게, 행복하게 창조적으로 화려하게 만들어 나아갈 수 있는 사람만이 세상 사람들의 진심어린 축복을 받고 우리가 꿈에도 그리는 역사 속의 가장 진정하고 위대한 지도자가 될 수 있다.

여러분들의 화려한 미래의 모습이 눈앞에 선하게 보이다.

여러분, 진심으로 건투를 빈다.

"Why Not Change the World?"

"지도자란 희망과 열정을 파는 상인이다."

– 나폴레옹

당신의 인생을 바꾸어 주는 강력한 마인드 컨트롤

아침저녁으로 반복해서 외치면 놀라운 변화가 시작될 것이다.

① 나는 세상을 충분히 바꿀 수 있다.

② 나는 마음의 궁전 속에 모든 것을 새기고 소유한다.

③ 자기가 할 수 있는 일에 한계를 긋는 사람은 기회와 행운을 잡을 수 없다.

④ 자기 자신의 주인이 되지 못하는 사람은 결코 어떤 것의 주인도 될 수 없다.

⑤ 나는 최고의 세상에서 살고 있다.

⑥ 모든 것은 할 수 있고, 이루어지고, 쟁취하면 되는 것이다.

⑦ 자기 자신을 축복하는 자만이 모든 것을 얻을 수 있다.

세상을 바꿀 수밖에 없는 강력한 77가지의 무기 장착 테스트

"할 수 있다 / 할 수 없다"에 O표를 하면서 체크해 본다.

1. 많은 사람들의 가슴속에 꿈과 희망, 열정과 성공, 행복의 다이아몬드를 심어주는 일에 내 평생을 다 바칠 것이다.
   할 수 있다 (   )   할 수 없다 (   )

2. 아름다운 장미를 전하는 사람의 손에는 아름다운 장미향이 남고, 화려한 성공을 전달하는 사람의 손에는 화려한 성공이 남는다는 사실을 굳게 확신한다.
   할 수 있다 (   )   할 수 없다 (   )

3. 세상의 가장 화려한 성공과 진정한 행복을 살 수 있는 가게는 바로 내 마음과 영혼의 깊은 그곳에 있다는 사실을 잘 알고 있다.
   할 수 있다 (   )   할 수 없다 (   )

4. 이 풍요로운 세상은 내가 간절히 원하는 만큼 모든 것들을 나에게 줄 수 있는 충분한 축복의 능력이 있음을 확신한다.
   할 수 있다 (   )   할 수 없다 (   )

5. 위대한 인생에는 정확한 꿈과 감동의 목표, 뜨거운 열정이 있고, 평범한 삶에는 막연한 바람과 소박한 소망, 소극적인 마음이 있을 따름이라는 사실을 잘 알고 있다.
   할 수 있다 (   )   할 수 없다 (   )

6. 내가 내 운명의 창조자이고 소유자이며, 세상을 긍정적으로 이끌어갈 위대한 사명을 가지고 있음을 분명히 확신한다.
   할 수 있다 (   )   할 수 없다 (   )

7. 내 삶의 편안함과 안일함을 완전히 포기하고, 엄청난 인내와 고통을 감수하는 만큼 인생의 화려한 성공의 크기가 커진다는 사실을 확신한다.
할 수 있다 (   )   할 수 없다 (   )

8. 세상으로부터 아름답고 풍요로운 삶을 부여받은 만큼, 세상을 향해서 풍요로움을 마음껏 베풀 수 있는 충분한 마음의 준비가 되어있다.
할 수 있다 (   )   할 수 없다 (   )

9. 이 넓은 세상은, 모든 사람들에게 그 사람이 간절히 원하는 만큼 그 모든 것들을 주려고 하는 성공과 축복의 시스템이 완벽하게 되어 있음을 확신한다.
할 수 있다 (   )   할 수 없다 (   )

10. 좁쌀 마인드로 좁은 인생을 살아가면서, 먼 훗날 인생의 마지막 순간에 많은 일들을 후회하고 푸념하는 쓸쓸하고 나약하고 허무한 인생을 절대로 살아가지 않을 것이다.
할 수 있다 (   )   할 수 없다 (   )

11. 세상을 향해서 놀라운 열정의 에너지를 방출하고 행복과 사랑을 베푼다면 세상은 나에게 더 적극적인 축복과 사랑의 화려한 선물을 되돌려준다는 사실을 나는 확신한다.
할 수 있다 (   )   할 수 없다 (   )

12. 인생에서 가장 어리석은 생각이 바로 자기 자신의 좁은 틀 속에서 스스로의 한계선을 긋는 나약한 생각이라는 사실을 잘 알고 있다.
할 수 있다 (   )   할 수 없다 (   )

13. 세상을 보다 넓게 보고, 장기적인 안목으로 멀리 내다볼 수만 있다면, 거의 모든 근심스러운 작은 사소한 일들을 완전히 이겨내고, 극복할 수 있다는 사실을 굳게 확신한다.
할 수 있다 (   )   할 수 없다 (   )

14. 세상을 보다 긍정적으로 바꾸는 위대한 목표를 가지고, 과감하게 움직인다면 모든 정신·육체의 활동이 그 목표를 이루는 데 필요한 높은 수준으로 다 같이 움직여 나아간다는 것을 확신한다.
할 수 있다 (   )   할 수 없다 (   )

15. 세상의 진정한 넓은 면을 볼 수 없는 사람은, 아마도 이 세상의 좁은 면만 보고 후회스러운 인생을 살아가게 될 것이라는 사실을 확실하게 믿는다.
할 수 있다 (   )   할 수 없다 (   )

16. 하늘 높이 날아오르려는 노력을 하지 않는 사람은 아마도 무기력하게 땅에 엎드리게 될 것이라는 사실을 확신한다.
할 수 있다 (   )   할 수 없다 (   )

17. 내 인생이 화려하고 위대한 영웅으로 재탄생되기를 기대하고 있다는 사실을 스스로 분명히 확신하고 있다.
할 수 있다 (   )   할 수 없다 (   )

18. 위대한 목표를 향해서 나아가는 나와 다른 사람들의 작은 잘못과 실수를 모두 관대히 용서할 것이다.
할 수 있다 (   )   할 수 없다 (   )

19. 세상이 원하는 모든 것을 충족시켜줄 수 있는 위대한 본능과 창조적이고 탁월한 능력을 분명히 갖추고 있다.
할 수 있다 (   )   할 수 없다 (   )

20. 나의 위대한 감동의 목표를 달성하기 위해서 누구보다도 올바른 가치관과 현명한 판단력을 키울 것이다.
할 수 있다 (   )   할 수 없다 (   )

21. 나의 장단점을 정확하게 꿰뚫어보고 있으며, 약점을 분명히 극복하고 장점을 최대한 극대화시키기 위해서 최선의 노력을 다 할 것이다.
할 수 있다 (   )   할 수 없다 (   )

22. 세상을 바꾸고 수많은 사람들에게 더욱더 강력한 영혼의 감동을 주기 위해서는 스스로 항상 언제나 겸손하고 섬기는 자세가 절실히 필요하다는 것을 잘 알고 있다.
할 수 있다 (   )   할 수 없다 (   )

23. 나의 세상을 더욱더 희망차게 활기차게 발전시키려는 나의 위대한 꿈을 책임지고 더욱더 발전시키고, 열정적으로 키울 것이다.
할 수 있다 (   )   할 수 없다 (   )

24. 경쟁자들에게도 존경을 받을 수 있는 인품을 갖춘다면 온 천하의 위대한 지도자가 될 수 있다고 확신한다.
할 수 있다 (   )   할 수 없다 (   )

25. 어떠한 시련과 고통에도 불만을 갖지 않고, 실패에 절대로 좌절하지 않고, 아무리 화려한 성공을 한다 해도 결코 건방진 자만을 하지 않을 것이다.
할 수 있다 (   )   할 수 없다 (   )

26. 나의 시야를 최대한 넓혀서 높은 꿈과 이상을 반드시 달성하고, 이 세상을 초월하고 이끌어가는 놀라운 섬기는 리더십을 완벽하게 갖출 것이다.
할 수 있다 (   )   할 수 없다 (   )

27. 위대한 지도자가 되기 위해서 시대를 너무 지나치게 앞질러 가지 않고 수많은 사람들의 바람을 정확히 파악하고, 그것을 현실 속에서 반드시 실현할 것이다.
할 수 있다 (   )   할 수 없다 (   )

28. 이 세상을 바꾸고 놀라운 창조적인 변화를 주도하기 위해서 신뢰와 신념과 끈기와 인내를 절실하게 강화시키고, 나의 인생의 기본적인 실천 철학으로 꼭 삼을 것이다.

할 수 있다 (　　　)　　　할 수 없다 (　　　)

29. 세상을 풍요롭게 바꾸기 위해서 현실을 정확하게 파악하고 항상 감사하는 마음으로 대중에게 봉사하고 동시에 강력하게 그들을 최고, 최상의 행복으로 힘차게 이끌어가고 강력하게 리더할 것이다.

할 수 있다 (　　　)　　　할 수 없다 (　　　)

30. 우뇌적이고 창조적인 사고와 좋은 인간관계를 가진 리더만이 세상을 풍요롭게 혁신적으로 키워나갈 수 있다고 확신한다.

할 수 있다 (　　　)　　　할 수 없다 (　　　)

31. 능력을 많이 가진 사람이 성공하는 것이 아니라, 자신의 능력을 창조적으로 개발하는 사람만이 크게 성공한다는 사실을 잘 알고 있다.

할 수 있다 (　　　)　　　할 수 없다 (　　　)

32. 자신의 운명을 믿고 강하게 이끌어갈 수 있는 사람만이 세상을 진심으로 사랑할 수 있고, 이끌어가고, 지도하고, 지배할 수 있다는 사실을 잘 알고 있다.

할 수 있다 (　　　)　　　할 수 없다 (　　　)

33. 미래의 어려움과 곤경을 미리 정확하게 예측하는 것은 위대한 지도자의 가장 중요한 필수 조건이다.

할 수 있다 (　　　)　　　할 수 없다 (　　　)

34. 세상의 모든 비즈니스는 인간관계에서 출발된다. 서로의 잠재력을 최대한 개발하기 위해서 서로 자극하고, 봉사하고, 감사하고, 반드시 감동을 주어야 한다.

할 수 있다 (　　　)　　　할 수 없다 (　　　)

35. 간결하고 단순한 것은 모든 것의 으뜸이다. 모든 예술·영상·스피치·정치·경제·문화에서도 간결하고 단순한 것이 가장 중요하고, 최고의 매혹적인 요소가 분명히 될 수 있다.

할 수 있다 (   )   할 수 없다 (   )

36. 이 세상을 보다 긍정적으로 바꾸기 위해서는 모든 구성원들의 적극적인 협조와 기본적인 마인드의 변화가 철저하게 필요하다. 언제나 세상을 긍정의 힘으로 바라보는 혁신적인 마인드와 낙관적이며 명랑한 자세가 필수적으로 필요하다.

할 수 있다 (   )   할 수 없다 (   )

37. 처절한 실패와 좌절만큼 훌륭한 교육 과정은 없다. 이 세상을 이끌어 갈 위대한 지도자는 반드시 실패와 좌절 속에서 눈부신 발전과 성공을 이끌어낼 수 있는 바로 그 이 세상에서 가장 창조적인 사람이다.

할 수 있다 (   )   할 수 없다 (   )

38. 영원한 실패도 없고 영원한 성공도 없다. 실패와 성공의 반복 사이클 중에서 행복과 풍요와 번영을 이룩할 수 있는 사람만이 진정한 위대한 지도자가 될 수 있다.

할 수 있다 (   )   할 수 없다 (   )

39. 거절당하고 무시당하는 것을 즐겨야 진정한 리더가 될 수 있다. 역풍에 강한 리더가 분명히 멀리 날아갈 수 있을 것이다.

할 수 있다 (   )   할 수 없다 (   )

40. 수많은 실패를 위대한 성공의 필수 과정으로만 인식하는 창조적인 지도자는 작은 실패나 시행착오에 전혀 영향을 받지 않는다.

할 수 있다 (   )   할 수 없다 (   )

41. 비참하게 패배한다는 것은 잠깐 동안의 일시적인 현상일 뿐이다. 완전히 포기하고 좌절한다는 것은 현실 게임의 완전한 끝을 의미한다.
할 수 있다 (   )　　　　할 수 없다 (   )

42. 역사를 창조해내는 위대한 인물들의 공통점은 바로 평범한 사람들보다 훨씬 더 큰 장애물을 안고 살아가며, 그것을 반드시 철저하게 극복하고, 이겨낸다는 데에 있다.
할 수 있다 (   )　　　　할 수 없다 (   )

43. 세상을 이끌어갈 진정한 지도자란 바로 고통과 좌절 속에서 많은 것을 배우고 새로운 방법으로 다시 장애물을 향해서 강력하게 돌진할 수 있는 뜨거운 열정의 사람이다.
할 수 있다 (   )　　　　할 수 없다 (   )

44. 오직 위대한 열정과 끈기만이 전능한 힘을 가지고 있다. 재능과 천재성에만 의지하는 사람은 결코 존경받는 위대한 지도자가 될 수 없다.
할 수 있다 (   )　　　　할 수 없다 (   )

45. 이 세상과 호흡하고, 다양한 의견을 교환하고, 사람과의 관계를 즐겁게 즐길 수 있는 사람만이 바로 진정한 리더가 될 수 있다.
할 수 있다 (   )　　　　할 수 없다 (   )

46. 세상은 바로 진정한 의미의 학교이다. 실패와 성공을 통해서 많은 것을 배울 수 있는 사람만이 위대한 지도자의 기본 자격이 있다.
할 수 있다 (   )　　　　할 수 없다 (   )

47. 현실은 항상 냉정하고, 냉혹하다. 처절한 현실을 정면으로 돌파하지 않는다면 화려한 성공의 희망은 결코 있을 수 없다.
할 수 있다 (   )　　　　할 수 없다 (   )

48. 세상을 보다 긍정적으로 바꾸기 위해서 먼저 자신의 인생을 보다 창조적으로 바꿀 수 있는 자만이 이 세상의 진정한 주인공이 될 수 있다.
    할 수 있다 (   )   할 수 없다 (   )

49. 우리가 살고 있는 이 현실과의 처절한 전쟁에서 배운 다양한 지식과 풍부한 경험을 바탕으로, 새로운 도전의 단계적이고 체계적인 방식을 새롭게 독창적으로 개발하는 자만이 현실 게임에서 화려한 최후의 승자가 될 수 있다.
    할 수 있다 (   )   할 수 없다 (   )

50. 세상에서 가장 위대하고 감동적인 것은 모든 것을 극복해내는 뜨거운 의지와 열정이다. 강한 의지와 열정을 이길 것은 이 세상에 그 아무것도 없다.
    할 수 있다 (   )   할 수 없다 (   )

51. 이 세상을 즐기고, 일을 즐기고, 사람과의 관계를 즐기는 사람에게 모든 일은 항상 즐거울 수밖에 없고, 잘 풀릴 수밖에 없다.
    할 수 있다 (   )   할 수 없다 (   )

52. 위대한 지도자가 되기 위해서는 일단 세상을 사랑하고, 꿈을 이루기 위한 그 뜨거운 열정 속에서 많은 사람들로부터 신의와 믿음과 사랑을 완전히 독차지를 할 수 있어야 한다.
    할 수 있다 (   )   할 수 없다 (   )

53. 좋아하는 일을 미친 듯이 열정적으로 하는 사람에게 성공과 행복, 기쁨과 행운, 기회가 따라오지 않을 수 없다.
    할 수 있다 (   )   할 수 없다 (   )

54. 화려한 성공과 행복을 간절히 갈망하는 사람에게, 화려한 성공과 행복이 분명히 찾아오고, 처절한 실패와 좌절을 두려워하는 자에게 처절한 실패와 좌절이 반드시 찾아온다.

할 수 있다 (   )   할 수 없다 (   )

55. 처절한 마인드로 과감하게 번개처럼 해치워야 하는 과감한 시도와 도전을 망설이고, 머뭇거리는 자에게 화려한 미래는 결코 있을 수 없다.

할 수 있다 (   )   할 수 없다 (   )

56. 존경과 사랑은 바로 그 사람의 진심어린 열정에서 비롯된다. 온 세상을 새롭게 바꾸는 위대한 지도자란 몸과 마음과 영혼의 에너지를 다 바쳐서 세상의 번영과 모든 사람들의 행복을 위해서 모든 것을 집중하고, 헌신적으로 모든 것을 바친 이 세상에서 가장 감동적이고 철저하게 희생적인 사람이다.

할 수 있다 (   )   할 수 없다 (   )

57. 세상의 가장 화려한 성공은 정해져있는 한계선과 구체적인 제한 요건이 전혀 정확하게 정해져 있지 않다. 이 세상은 모두 나의 것이며, 내가 과감하게 쟁취해야만 하는 것들이다. 나의 숙제는 오직 세상을 향해서 마음껏 베풀 수 있는 무한하고, 화려한 능력을 갖추는 것이다.

할 수 있다 (   )   할 수 없다 (   )

58. 우리의 짧은 인생에서 무엇보다도 가장 중요한 것은 하루하루를 누구보다도 열심히 열정적으로, 뚜렷한 목표를 향해서 끈질기게, 끊임없이 도전하면서 살아가는 것이다.

할 수 있다 (   )   할 수 없다 (   )

59. 보람 있고 값지고 빛나는 하루하루를 보내기 위해서는 이 세상 그 어느 누구보다도 뜨거운 열정과 뚜렷한 목표가 필수적으로 필요하다.

할 수 있다 (   )   할 수 없다 (   )

60. 강력한 성취의 에너지를 가진 사람은 절대로 선택의 순간에 망설이지 않으며, 인생의 화려한 끝과 행복한 성공의 결과를 위해서 과감하게 진출해 나아간다.

할 수 있다 (   )   할 수 없다 (   )

61. 지나간 과거를 찬찬히 되돌아보는 것은 오직 미래의 화려한 성공을 위한 구체적인 경험적 콘텐츠를 확보하고 참고로 하기 위한 것이다.

할 수 있다 (   )   할 수 없다 (   )

62. 당신의 기본적인 생각을 완전히 바꾸고 인생의 기본 패턴과 본질적인 방향을 완전히 바꾼다면 모든 선택과 그에 따르는 결과가 확연하게 완전히 달라질 것이다.

할 수 있다 (   )   할 수 없다 (   )

63. 절대로 약해질 수 없는, 절대로 멈출 수 없는 강력한 인생의 구체적인 목표와 강력한 동기를 확보한다면 당신 인생의 모든 어려움과 불가능을 충분히 가능케 만들 수 있다.

할 수 있다 (   )   할 수 없다 (   )

64. 자신에게 어울리는 세상을 만들기 위한 노력을 기우리는 사람은 나에게 어울리는 미래를 맞이할 자격이 충분히 있다.

할 수 있다 (   )   할 수 없다 (   )

65. 자신의 화려한 미래를, 머릿속에 구체적인 설계도로 만들수만 있다면 이 세상을 살아가면서 그 어느 누구보다도 위대한 일을 분명히 이루어낼 수 있을 것이다.

할 수 있다 (   )   할 수 없다 (   )

66. 마음속의 화려한 그림을 현실 속에 그대로 나타낼 수 있는 사람은 바로 이 세상을 보다 긍정적으로 바꿀 수 있는 이 세상에서 그 어느 누구보다도 가장 위대한 사람이다.

할 수 있다 (   )   할 수 없다 (   )

67. 지금 살아있는 이 현실을 전 우주의 지극히 작은 일부로 인식할 수 있는 사람은 이 세상의 그 어느 누구보다도 과감하고, 창조적이고, 혁신적인 삶을 살아갈 수 있다.

할 수 있다 (   )   할 수 없다 (   )

68. 머릿속에 담겨있는 모든 간절한 소망들이 현실 속에서 이루어지는 과정을 지극히 당연한 결과로 인식할 수 있다면, 당신은 당신의 모든 아름다운 꿈을 분명히 이룰 수 있다.

할 수 있다 (   )   할 수 없다 (   )

69. 어떠한 부정적인 환경도, 어떠한 부정적인 영향도 마음속에 있는 용광로 같은 뜨거운 열정 앞에 모두 무릎을 꿇을 수밖에 없을 것이다.

할 수 있다 (   )   할 수 없다 (   )

70. 영혼의 만족을 일깨우는 위대한 열정과 구체적인 목표를 가슴 속에 담을 수만 있다면 이 세상에 이루어지지 않을 일은 아무것도 없다.

할 수 있다 (   )   할 수 없다 (   )

71. 온 세상을 구하고, 바꾸고, 개선하고, 행복하게 만들겠다는 위대한 결심을 말로써 계속 반복해서 외치는 사람은 분명히 놀라운 인생의 변화와 화려한 성공을 실제로 경험하게 될 것이다.

할 수 있다 (   )   할 수 없다 (   )

72. 위대한 꿈이 있는 자에게 쓰레기 같은 슬픈 과거는 불태우고, 파묻고, 날려버릴 하찮은 대상밖에는 되지 않는다.

할 수 있다 (   )   할 수 없다 (   )

73. 모든 과거의 잘못과 시행착오를 오히려 당연한 과정으로 보고, 능동적으로 화려한 미래를 개척하는 사람이야 말로 진정한 이 시대의 액션 히어로라고 할 수 있을 것이다.

할 수 있다 (   )   할 수 없다 (   )

74. 혈연, 지연, 학연, 가족에 얽매이는 자에게 화려한 성공의 기회는 절대로 오지 않을 것이며, 전혀 새로운 곳에서 전혀 새로운 인맥을 새롭게 반복해서 수도 없이 많이 형성시킬 수 있는 창조적인 사람이야말로 진정한 의미의 현실 게임의 최후의 승자가 분명히 될 수 있을 것이다.

할 수 있다 (　　)　　　　할 수 없다 (　　)

75. 세상을 보다 긍정적으로 바꾸기 위해서는 우선 자기 자신을 보다 긍정적으로 바꾸어야 하며, 먹는 것, 입는 것, 타는 것, 가는 곳, 만나는 사람, 보는 것, 말하는 것 모두를 완전히 다 과감하게 모두 긍정적으로 철저하게 바꾸어야만 한다.

할 수 있다 (　　)　　　　할 수 없다 (　　)

76. 세상을 보다 긍정적으로 바꾸기 위해서는, 같은 위대한 열정과 꿈을 가진 사람들과 끊임없는 교류와 긍정적인 영향과 좋은 자극 속에서 스스로의 일취월장을 강력하게 반드시 이루어내야만 한다.

할 수 있다 (　　)　　　　할 수 없다 (　　)

77. 세상 그 어느 누구도 상상할 수 없는 수준의 높은 열정과 기쁜 희열을 느끼는 사람들을 의도적으로 만나고, 그들의 놀라운 성공의 에너지를 완벽하게 전달받을 수 있는 사람만이 현실 게임의 진정한 최후의 승자가 될 수 있을 것이다.

할 수 있다 (　　)　　　　할 수 없다 (　　)

※ '할 수 있다'가 50% 이상일 경우 당신은 충분히 변화할 수 있고 화려한 성공을 이룰 수 있다.

EPILOGUE

　　　　　　　　　　겨울이 다가오고 있는데 스키장에 갈 생각을 하니 가슴이 설렌다. 스키를 신나게 즐긴다는 것은 겨울을 누구보다도 신나게 즐길 수 있는 방법을 잘 알고 있다는 것이다. 나는 겨울에 눈이 많이 오면 어차피 토지 답사를 못가니 스키장으로 가서 일주일씩 살다시피 한 경험이 많다. 새로운 사업에 도전해서 완전히 망했을 때도 방에만 있지 않고 스키장에 가서 하루 종일 시간을 보낸 기억이 난다. 미친 듯이 힘차게 스포츠를 즐기면 모든 고통이 시원하게 날아가는 것을 분명히 느낄 수 있다.

　마음속에 있는 찌꺼기가 완전히 날아가는 느낌!
　여러분들은 그 통쾌한 느낌을 자주 느껴 보는지?
　그 깔끔한 맛을 아는 사람은 그 맛을 끊임없이 추구하게 된다.
　가끔씩 패러글라이딩을 하는데 이 또한 감칠맛이 있다. 스트레스가 많이 쌓여 있을 때는 패러글라이딩 또한 효과적인 즉효약이다. 살아가면서 쌓이는 모든 부정적인 것들이 모두다 금방 그 자리에서 완전히 해소가 되어 버린다. 푸른 하늘을 마음껏 날아다닌다는 것은 인간들의 오랜 꿈이었다. 무동력으로 1시간 이상도 하늘을 날아다닐 수 있으니 이 얼마나 놀라운 인간의 창조적인 기술인가?
　까마득히 높은 하늘을 몇 시간씩 날아다니다가 지상에 안전하게 착륙을 하면, 내가 진짜로 살아있다는 진정한 삶의 의미를 피부로 느끼면서 진정한 삶의 희열을 잘 알게 된다. 그리고 마음속에서 새로운 쾌감과 행복의 물결이 마구 요동을 친다.

한여름에는 푸른 호수에서 타는 수상스키의 감칠맛을 놓칠 수가 없다. 주로 용인 이동 저수지에서 타는데 여기가 거의 최고의 맑은 물인 일급수이다. 수상스키를 타다가 옆으로 튕겨 나아가 물에 빠졌을 때의 시원함과 짜릿함, 물살을 가를 때의 통쾌함, 그 맛에 수상스키를 탄다.

그리고 나는 등산을 아침저녁으로 매일 열심히 한다. 맑은 공기를 단 하루라도 충분히 마시지 않으면 괴로워서 도저히 견딜 수가 없다. 도시의 공기가 몸에 좋지 않고, 매연으로 가득 차있는 것은 분명한 사실이다. 매일 이 탁한 공기를 마시는 폐는 또한 얼마나 답답하겠는가?

모든 스트레스가 다 공해에서 온다고 봐도 과언이 아닐 것이다. 그래서 가까운 산을 거의 매일 다니는데, 이것만큼 건강에 좋은 것이 진짜 없는 것 같다. 산꼭대기에서 바라보는 도시의 모습은 어리석은 중생을 보며 탄식을 하는 한 고승의 심오한 마음으로 바뀌게 된다. 그리고 나는 거의 매일 다양한 무술을 한다. 태권도, 우슈, 특공무술, 마샬아츠도 하고 기계체조도 배운다. 나는 지금 말한 무술들의 유단자이다.

10대 청소년들과 같이 하는 이러한 스포츠는 몸과 마음, 영혼까지도 10대로 만들어 준다. 그래서 나를 인간적으로 가까이 함께 지내보면 생각보다 단순하고 정신연령이 너무나도 낮다는 것을 알게 될 것이다.

"여러분, 무술을 배우세요. 무술!"

몸과 마음을 모두 강하게 단순하게 만들어주는 것은 바로 다양한 무술이다. 그리고 해양 스포츠의 꽃인 스킨스쿠버를 좋아하는데 이것 또한 특별한 맛이 난다. 나는 원래 못하는 운동이 없이 거의 다 잘 한다. 잘 할 때까지 계속 끊임없이 개인 지도를 받기 때문에 결국에는 다 잘 할 수밖에 없다. 아마 누구나 나처럼 끊임없이 개인 지도를 받는다면 모든 운동을 다 잘 할 수밖에 없을 것이다. 안 해 본 운동은 반드시 끝까지 해보려고 하는 것이 오랜 삶의 습관이다.

스킨스쿠버는 물속에서 말없이 할 수 있는 정적이며 또한 색다른 맛의 이색 스포츠이다. 몸이 전체적으로 유연해지고 수영하고는 전혀 다른 느낌이다. 바닷속의 아름다운 풍경에 푹 빠지다 보면 이 세상의 모든 고민·푸념·실망·스트레스·걱정이 다 사라진다.

그리고 나는 홈페이지 동영상을 보면 자주 나오지만 승마 또한 좋아한다. 살아있는 생명체와 함께할 수 있는 거의 유일한 스포츠인 승마는 정신적인 교감을 통해서 말과 대화할 수 있는 운동이라 정신건강에도 좋다. 말은 자주 타다보면 말하고 대화를 나누고 있는 자신을 발견하게 된다. 말을 사랑하게 되고, 세속적인 모든 개념에서 승마를 하는 동안만큼은 다 벗어날 수 있다.

이렇게 내가 좋아하는 분야는 다양하다. 나는 망했을 때 완전 거지가 되었을 때도 스포츠를 즐겼고 사업이 잘 될 때도 물론 최대한 시간을 내어서 스포츠를 다양하게 즐긴다. 인간이 가장 인간다울 수 있는 것이 바로 다양한 스포츠를 즐길 때가 아닐까하고 생각한다.

인생의 성공적인 변화를 추구하기 위해서는 일단은 몸과 마음, 정신이 건강해야 한다. 몸과 마음, 영혼에서 무한한 성공의 에너지가 분출되고 있어야지만 화려한 성공을 향한 강한 출발이 가능해진다.

"당신은 어떤 화려한 변화를 원하는가?"
"당신은 어떤 성공적이고 행복한 인생을 갈망하는가?"
원하고 갈망하는 데로 이루기 위해서는 일단 강철 같은 체력부터 무조건 확보해야 한다. 경제력, 환경, 시간 탓하지 말고 무조건 다양한 스포츠를 즐기며 강한 체력과 정신력을 준비해야 한다.

최소한 10가지 이상의 다양한 스포츠를 번갈아가며 한 달에 한 번씩이라도 색다르게 즐긴다면 당신은 반드시 놀라운 성공적인 변화의 사이클을 스스로 보유하게 된다.

21세기는 다변주의 시대이다. 다양한 독서, 취미, 스포츠, 사교, 투자, 창업, 모든 것들이 다양성을 추구할 때만 정확한 정답이 나올 수 있다.

"당신은 얼마나 사고와 선택이 다채롭고, 다변적인가?"

"당신은 얼마나 다양한 환경에 능동적으로 적응을 할 수 있는가?"

"당신은 얼마나 다변적인 변화에 적극적으로 대응할 수 있는가?"

이 질문에 대한 대답이 바로 당신의 미래의 화려함을 확실하게 결정할 것이다. 나는 이 책을 통해서 많은 사람들이 성공적인 변화의 사이클을 사랑하고, 스스로 그 사이클에 본인의 인생을 과감하게 투자하기를 바란다. 세상의 변화에 능동적으로 대처할 수 있는 수많은 현실 게임의 승자들이 탄생되기를 바라면서 진심으로 여러분들의 화려한 성공과 행복, 그리고 건투를 빌겠다.

"여러분, 사랑합니다."

"존경합니다."

"감사합니다."

"파이팅!"

이 진 우

운동 서약서

나의 네이버 카페에는 'Now Here' 클럽이 있고, 'Why Not Change the World?' 운동이 진행되고 있다.

'Now Here' 클럽은 많은 카페 회원들이 자발적으로 건전한 취미생활과 모임을 비영리로 운영하는 특별활동 동아리 모임이다. 그리고 'Why Not Change the World?' 운동은 글로벌적인 정신 개혁운동이다. 아직은 걸음마 단계이지만 조만간에 위대한 정신 운동 모임으로 발전해 나갈 것이라고 확신한다.

나는 새마을 운동을 일으킨 박정희 전 대통령을 진심으로 존경한다. 사실 역대 대통령님들을 다 존경한다. 그 자리에 오르셨다는 것 자체가 존경스럽다. 부정적인 사람들처럼 대통령을 욕하고 비판할 시간도 없고, 그럴 마음도 전혀 없다. 대통령이라고 하는 최고 지도자의 자리는 아무나 오를 수 있는 자리가 아니다. 모든 운과 환경, 하늘의 뜻이 없이는 오를 수 없는 자리라고 생각한다. 그렇기 때문에 그 어려운 자리에 올라서 위대한 사명을 다하지 못한다는 것은 진짜 큰 죄악이라고 할 수 있다.

국민 전체의 마인드와 생각과 가치기준을 지극히 긍정적으로 바꾸어 줄 수 있는 정신 개혁운동이 지금 이 시점에서 분명히 필요하다. 지금 이 순간, 21세기의 새마을 운동이 새롭게 시작되어야 한다. 세계 최강의 경제 대국 대한민국을 창조해 나가기 위해서는 지금보다 훨씬 더 긍정적이고 역동적인 마인드와 행동, 선택기준을 가진 국민들의 숫자가 엄청나게 늘어나야 한다. 여기에 구심점이 필요하고 누군가가 나서서 사람들을 계몽하고 이끌어야 한다. 그래서 'Why Not Change the World?' 운동을 지금 시작하고 있는 것이다.

운동의 기본 취지와 내용은 다음과 같다.

- Why Not Change Your Body? : 왜 당신의 몸을 바꾸지 않는가?
- Why Not Change Your Mind? : 왜 당신의 마음을 바꾸지 않는가?
- Why Not Change Your Job? : 왜 당신의 직업을 바꾸지 않는가?
- Why Not Change Your Life? : 왜 당신의 삶을 바꾸지 않는가?
- Why Not Change the World? : 왜 세상을 바꾸지 않는가?

성공과 행복, 건강과 부, 기쁨과 희열, 베풂과 나눔은 당신의 창조적이고 새로운 본성 가운데 분명히 있다. 이때까지의 모든 틀을 깨는데 새로운 변화가 있고 놀라운 발전이 있는 것이다. 수많은 사람들이 변화를 너무나도 두려워하고 회피하려고 한다.

중요한 것은 글로벌 시장의 경제전쟁의 양상 또한 끊임없이 변화하고 있고, 변화하지 않는 기업·국가·민족 모두가 다 몰락의 고통과 빈곤의 고통을 피해갈 수 없다.

자연의 법칙은 우리에게 항상 변화하라고 가르쳐준다.

안전하고 안정된 삶을 추구하는 것은 인간으로서 당연한 일이지만 분명하게 세상은 당신을 그렇게 안정되게 가만 놔두지 않을 것이다. 실패와 절망, 좌절 속에서 인생을 회복시키기 위해서는 과감한 액션과 모든 환경, 선택의 변화가 필수적이다. 수많은 선진국들의 실제 삶의 수준을 봐도 어느 나라나 할렘가가 존재하며, 극빈곤층이 존재한다. 그리고 그들은 그 최하의 삶을 변함없이 벗어나지 못한다. 그 이유는 벗어나려는 의지도 없고, 생각도 없고, 목표도 없기 때문이다.

변화를 주도하고 대한민국 전체를 세계 최강의 경제 대국으로 일으켜 세우기 위해서는 변화를 두려워하는 수많은 나약한 사람들의 마음속에 눈부신 태양 같은 메시지를 전달하고 정신 개혁운동을 체계적으로 전개해서 근본적으로 완전히 모든 것을 바꾸어 주어야 한다.

▶ **첫 번째 실천 사항은, 'Why Not Change Your Body?'이다.**

삶의 변화는 몸의 변화에서부터 시작되는 것이다. 체력이 강해야 일단 모든 일을 시작할 수 있다. 내 집을, 회사를, 관공서를 헬스클럽으로 꾸미고, 때와 장소를 가리지 않고 운동을 열심히 하는 전체 분위기를 만들어 주어야 한다. 꿈과 열정이 있는 사람은 몸매도 아름답다. 의욕이 있는 사람은 스스로 자신의 몸매를 아름답게 만든다. 모든 열정과 에너지, 자신감은 일단은 건강한 몸에서부터 나오는 것이다. 비즈니스와 몸매와 건강, 체력은 모든 것이 피나는 열정과 노력, 체계적인 트레이닝에 따라서 그 결과가 완전히 달라질 수 있다. 자신의 몸매를 건강하게 날씬하게 변화시킬 수 있는 독종 마인드의 소유자가 비즈니스를 해도 분명히 성공할 확률이 높을 것이다.

카페에 있는 'Now Here' 클럽에 오면 승마클럽, 스키클럽, 패러글라이딩클럽, 스킨스쿠버클럽, 수상스키클럽, 골프클럽 등 운동모임인 순수 동아리가 많이 있다. 이러한 동아리에 그냥 부담 없이 참여를 하다 보면 자연스럽게 몸매관리, 건강관리와 함께 역동적이고, 희망찬 사람들과 대화를 나누면서 비즈니스에도 많은 아이디어가 떠오를 것이라고 나는 확신한다.

✔ 두 번째 실천사항은, 'Why Not Change Your Mind?'이다.

창조주에 대한 간절한 믿음, 자기 확신, 자기 최면, 자기 암시, 마인드 컨트롤은 성공과 행복과 부의 가장 기초적인 로드맵이다.

융과 프로이드는 잠재의식을 평생 연구했는데, 인생 성공의 가장 큰 비밀이 바로 이 잠재의식을 스스로 통제하고 컨트롤 하는 데 있다고 했다.

우리는 미친 듯이 나의 성공과 부와 행복을 외치고, 외치고 또 외쳐야 한다. 끊임없이 얘기하고 암시를 걸고, 간절한 기도를 하고, 하나님과 대화를 나누고, 마인드 컨트롤을 하고, 거울을 보고 얘기하고, 고함을 계속 지르고, 이러한 끈질긴 노력과 열정이 바로 당신의 잠재의식을 성공과 부와 행복으로 이끌어 줄 수 있다는 것이다.

스스로의 마음을 자유롭게 다스리는 자만이 이 실전 게임의 진정한 승자가 될 수 있다. 그리고 자신감과 끈기는 부자가 되는 최고의 비결이다. 그리고 희망과 용기와 열정은 만병을 다스리는 최고의 명약이다. 모든 성공과 실패는 모두 자신의 마음속에 존재하는 것이다. 열등감, 우울증, 고독, 좌절감, 비애감에서 벗어나는 것이 세상에 존재하는 모든 화려한 부와 성공, 행복이라고 보면 정확할 것이다.

자신감과 열정이 충만한 사람들이 있는 다양한 모임이 있는 'Now Here' 클럽에 참여해 적극적으로 성공 바이러스에 감염되기를 바란다.

✓ 세 번째 실천 사항은, 'Why Not Change Your Job?'이다.

꿈과 이상을 실현할 수 있는 직업이 풍요도 따라온다고 한다. 당신의 운명을 바꾸어 줄 수 있는 직업은 과연 무엇이겠는가? 과연 무엇이 당신을 그 좁은 틀 속에 가두고 있는가?

직업을 과감하게 바꿀 수 있는 사람만이 인생 전체의 색깔을 바꿀 수 있다. 우리의 인생은 모두가 신께서 주신 가득 찬 기회로 구성되어 있다. 제일 앞서 가는 사람은 제일 먼저 결단을 내린 사람이다. 직업을 바꾸는 구체적인 노하우는 나의 다른 책에서 내가 여러 차례 언급을 했다.

21세기 최고의 분야는 마케팅 쪽 분야이다.

자격, 학력, 경력 등과 관계없이 진출할 수 있고, 엄청난 연봉이 가능한 분야가 바로 마케팅 분야이다. '엑설런트 성공 트레이닝 스쿨'에 참여를 하면, 마케팅으로 성공한 수많은 영웅들을 직접 만나볼 수 있다. 연봉 수억 원에서 수십억 원을 벌고 있는 젊은 영웅들을 만나보면 전혀 새로운 각오와 생각을 하게 될 것이라고 확신한다.

✓ 네 번째 실천사항은, 'Why Not Change Your Life?'이다.

나약한 자가 항상 선택하는 무사안일주의, 안전제일주의로는 아무 것도 이룰 수 없다. 열정과 용기를 잃은 인생은, 재산과 건강까지 다 잃게 된다. "나는 내 인생을 죽는 날까지 철저하게 사용할 것이다"라는 굳은 결심을 오늘 과감하게 하자. 그리고 도전하자. 위대하고 영예로운 길로 십자가를 매고 용기 있게 나서는 것이 인간으로서의 진정한 행복인 것이다.

수도자의 마음으로 십자가를 매고 블루오션과 새로운 분야에 과감하게 진출하자. 진정 지혜롭고, 슬기로운 사람은 나이를 먹지 않는다. 어리석은 자들만이 자신의 나이를 항상 탓한다. 늙어서도 활동할 수 있는 자신만의 복지·교육·자선·장학재단 사업에 목표를 두고 무한한 가능성으로 다양한 분야에 도전하기를 바란다. 습관과 태도가 신념을 부르고 신념은 인생을 완전히 바꿀 수 있다.

▶ 다섯 번째 실천사항은, 'Why Not Change the World?'이다.

마음의 궁전 속에 모든 것을 새기고 소유하자. 이 세상의 모든 것들은 다 창조주의 작품이며, 당신은 그것을 마음껏 사용할 수 있는 자유와 권리가 있다. 자기가 할 수 있는 일에 한계를 긋는 사람은 기회와 행운을 잡을 수 없다. 자기 자신의 주인이 되지 못하는 사람은 결코 어떤 것의 주인도 될 수 없다.

당신은 인류 역사상 가장 발전되어 있는 최고의 세상에서 살고 있다. 모든 것은 할 수 있고, 이루어지고, 쟁취하면 되는 것이다. 자기 자신을 축복하는 자만이 모든 것을 얻을 수 있다.

당신은 이 시대의 가장 위대한 지도자가 될 자격과 역량을 모두 가지고 있다. 창조주께서 차려놓으신 이 풍요로운 우주의 잔칫상을 마음껏 누리고, 세상을 보다 창조적으로 변화시키기 위해서 위대한 지도자 그룹으로 급부상을 하자.

결정권과 선택권을 가진 그룹으로 최단시간 내에 미친 듯한 열정으로 스스로 과감하게 진입을 해야 한다. 결정권과 선택권을 가진 그룹들을 욕하고 비판하고 비방하는 것이 아니라, 당신이 직접 그 분야에 진출해서 꿈과 이상을 세상을 향해서 실제로 실현해 나아가는 것이다.

우리는 단 한명의 천재 지도자를 탄생시키기 위해서 다 같이 운명과 시간과 환경과 싸워야 한다. 단 한명의 세이크 모하메드가 두바이의 운명을 바꾸듯, 단 한명의 천재가 세계의 역사를 바꾸고 있다. 전 국민이 풍요로운 삶을 누릴 수 있는 것은 바로 천재 지도자 단 한명의 탄생으로 가능해 지는 것이다.

모두의 반대에도 불구하고 한글을 만들어 내신 우리 세종대왕님 덕분에 우리 후손 모두가 한글을 편리하게 사용하고 있다. 단 한 명 징기스칸의 출현으로 몽고는 세계에서 가장 강대한 국가가 될 수 있었다. 단 한 사람의 생각에서 출발된 경부고속도로가 모두의 반대에도 불구하고 건설된 덕분에 지금 우리가 편리한 것이다. 단 한 사람의 생각에서 출발된 청계천 개발이 모두의 반대를 무릅쓰고 건설되어 지금 현재 많은 사람들의 휴식처와 관광지로서 빛을 발하고 있다. 우리는 변화해야 하고, 변화를 이끌어갈 지도자를 우리의 손으로 키워내야 한다.

'Why Not Change the World?' 운동은 우리 대한민국이 세상을 바꾸고, 세상을 이끌어갈 주체가 된다는 확신의 정신 개혁운동으로서 우리 모두의 변화를 요구하는 새로운 개념의 개혁 운동이다.

다음은 이 운동의 7가지 행동원칙이다.

① 우리는 사랑합니다, 존경합니다, 감사합니다를 하루 종일 사용한다.
② 우리는 자신을 낮추고 상대를 높이는 섬기는 리더십의 소유자들이다.
③ 우리는 고난과 시련, 고통을 극복하고 성공과 부와 행복을 반드시 스스로 쟁취한다.

④ 우리는 글로벌 시장의 경제전쟁에서 반드시 뛰어난 아이디어와 독창성으로 승리한다.
⑤ 우리는 건강한 몸·마음·직업·인생·세상을 위하여 누구보다도 열정적으로 움직이다.
⑥ 우리는 세상을 보다 긍정적으로 변화시키기 위해서 할 수 있는 모든 일에 다 도전한다.
⑦ 우리는 우리의 사랑하는 후손들을 위해서 반드시 세계 최강의 경제 대국 대한민국을 이루어낸다.

사랑하는 독자 여러분,
한 사람의 힘이 미약한 것 같지만, 얼마든지 위대할 수 있다.
한 사람 한 사람의 힘이 한곳에 모이면 엄청난 우주의 힘이 나오게 된다.
'Why Not Change the World?' 운동으로 당신이 위대한 변화의 영광스러운 주체가 되어보지 않겠는가?
자, 마음의 준비가 되었다면 이렇게 한번 외쳐주기 바란다.
"역사상 가장 위대한 변화를 내가 이끌겠나이다. 이런 기회를 주셔서 진심으로 감사드리나이다."
내가 시도 때도 없이 하는 기도이다.
이런 기도를 하면 몸과 마음, 영혼이 다 맑고 깨끗해질 것이다. 하루의 모든 시간을 신과 함께할 수 있다는 것은 인간으로서 최선을 다하는 행복한 삶이 될 것이다.
"장애·시련·문제를 극복하고 넘어서는 방법을 가르쳐 주시니 너무나도 감사드리나이다."

"희망과 꿈을 잃지 않고 새로 시작하면 된다는 것을 가르쳐주시니 너무나도 감사드리나이다."

"예비하신 모든 것들을, 기대하시는 모든 것들을 절대로 기회를 놓치지 않고 최선을 다해서 사명을 다 할 것을 맹세하나이다."

자, 이제 이 모든 것을 확실하게 서약하겠는가?

당신의 인생은 세상의 그 어느 누구보다도 더 화려하게 빛날 것이다.

이 진 우

독자와 소통하는 열린 출판

타임스퀘어가 '좋은 원고'와 '참신한 기획'을 찾습니다

타임스퀘어는 책을 통해 세상과 소통합니다.
책은 열린 광장입니다.
사람이 책을 만들고, 책은 다시 사람을 만듭니다.

타임스퀘어에서는
읽는 이의 마음을 살찌우고,
생각과 삶을 변화시킬 기획,
세상을 바라보는 안목을 키워주는
진실한 원고를 찾습니다.

타임스퀘어는 세상과 소통하려는 사람들의
열린 공간입니다.

타임스퀘어 | 분야 | 경영 / 경제 / 인문 / 실용

서울시 마포구 동교동 113-81 (우)121-816
Tel : (02) 3143-3724 Fax : (02) 325-5607